Eberhard Malwitz

VOR DEM NEBEL

Erinnerungen

*Erinnerungen
sind immer verdächtig!
Hat der Autor nichts geschönt?
Oder gar erfunden, um Spannung zu erzeugen?
Er hält dagegen: „Für jemanden, der sein gesamtes
Berufsleben in einem Forschungszentrum
für physikalische Grundlagenforschung
gearbeitet hat, gelten nur Fakten. "*

Für meine Frau Ingeborg
und unsere Tochter
Karin

Eberhard Malwitz

VOR DEM NEBEL

Erinnerungen

Sofern lebende Personen oder Hinterbliebene von Verstorbenen einverstanden waren, wurden diese bei ihrem vollen Namen genannt. Die Namen weiterer Personen sind frei erfunden, etwaige Ähnlichkeiten mit lebenden oder verstorbenen Personen wären rein zufällig. Ereignisse und Schauplätze entsprechen meinen persönlichen Wahrnehmungen.

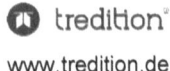 tredition®
www.tredition.de

© 2021 Eberhard Malwitz
E-Mail: info@malwitz-art.de
Website: www.malwitz-art.de

Verlag & Druck: tredition GmbH, Halenreie 40-44,
22359 Hamburg

Umschlaggestaltung: Filmemacherin & Designerin
Karin Malwitz

Lektorat: Nataša Mioković-Lutze
Satz, DTP und Gestaltung: Eberhard Malwitz

978-3-347-02555-4 (Paperback)
978-3-347-02556-1 (Hardcover)
978-3-347-02557-8 (e-Book)

Inhalt

1 Vorwort

Wenn ich über Rügen schreibe, werden meine Texte automatisch zu einer Hommage an die Insel, auf der ich aufgewachsen bin und die ich als Heimat empfinde.

Das wurde schon in meinem ersten Buch „Donnerkeile" deutlich. Darin beschrieb und zeichnete ich meine Kindheitserlebnisse vom vierten bis zum vierzehnten Lebensjahr in Stettin und danach auf Rügen. Erinnerungen an die letzten beiden Jahre des Zweiten Weltkriegs und anschließend an die sogenannte Ostzone der späteren DDR.

Dieses Buch ist die Fortsetzung. Es erzählt von der Zeit in der DDR, bis ich mit achtzehn von dort floh und wie es mir anfänglich in der Bundesrepublik erging. Hier und da ließen sich Überschneidungen der beiden Bücher nicht vermeiden.

Warum verließ ich trotz meiner Liebe zu Rügen die DDR und all meine Freunde? Zwar war ich noch von meinen Eltern abhängig, aber ich hätte auch bleiben können. Andererseits lockte der Westen mit seinem selbstbestimmten Leben, einem höheren Lebensstandard und seinen besseren Perspektiven. Ausschlaggebend war schließlich, im anderen Deutschland jene Freiheit zu finden, von der ich träumte. Nicht von ungefähr zitiere ich diesen Begriff sehr oft. Dabei ging es mir nicht allein um das eingesperrte Dasein in der DDR. Freiheit mit ihren vielfältigen Deutungen war mir schon immer wichtig. Dazu gehörten auch die Befreiung von Blockaden im eigenen Kopf und der Mut, eigene Wege zu gehen.

Mein Buch erzählt von Wohlfühlnischen und Parallelwelten, in die sich die Menschen in der DDR zurückgezogen hatten.

Freunde aus dem Internat und meinen Sportvereinen durfte ich nicht in meine Fluchtpläne einweihen. Nicht etwa, weil ich ihnen misstraute, sondern um ein unabsichtliches Verplappern auszuschließen. Sie für immer zu verlassen, ohne mich verabschieden zu dürfen, belastete mich sehr.

Die Menschen im Westen waren anders, ich empfand sie als freier, selbstbewusster, aber auch egoistischer. Für sie war ich zunächst der arme, naive Ossi. Diesem Image möchte ich mit meinem Buch etwas entgegensetzen. Gerade die materielle Not der Menschen in der DDR befähigte sie, ihr Leben kreativ zu gestalten. Anfänglich fühlte ich mich im anderen Deutschland gesellschaftlich isoliert. Aber über den Sport wurde ich bald einer von ihnen, denn Fußballspielen konnte ich. Wie verwurzelt ich mit Rügen war, wurde mir erst später bewusst. Meine Suche nach Freiheit, wohl wissend, dass diese nicht unendlich sein kann, und meine Mutation vom Ossi zum Wessi, letztlich zu einem Mischi, schlängeln sich wie ein roter Faden durch meine Geschichte.

2 Mutprobe

Müde geworden legte ich das Album aus der Hand und knipste die Nachttischlampe aus. Doch die Schwarz-Weiß-Fotos aus meiner Jugend hatten Erinnerungen geweckt, die mich aufgewühlt hatten. Insbesondere das zerkratzte Bild von der Ostsee mit den Resten der ehemaligen Seebrücke von Binz auf Rügen.

Es war verboten, dort hinzuschwimmen. Deswegen entschied ich mich, etwas abseits vom Kurhaus zu starten. Voller Lebensfreude warf ich mich mutig in die Brandung und kraulte entschlossen meinem Ziel entgegen. Über mir der blaue Himmel des Frühsommers 1952, vor mir die Wellen, die mir im Wechsel die Sicht versperrten und wieder freigaben. 560 Meter vom Strand entfernt ragten noch die Pfähle der Landungsbrücke aus dem Wasser, wo früher Dampfer voller Feriengäste angelegt hatten. Im Winter 1942 wurde die vermoderte Holzkonstruktion von Eisschollen zerstört. Die Naturgewalt hatte lediglich diese mächtigen Baumstämme übriggelassen, die nun schwarz aus dem Wasser ragten.

Meine Freunde aus Zirkow, zwischen dreizehn und fünfzehn Jahre alt, hatten angeblich alle schon diese Mutprobe bestanden. Nur ich hätte es noch nicht geschafft, stichelten sie. Im Dorf konnten Mädchen wie Jungs passabel schwimmen, obwohl sie es sich lediglich in einem kleinen Baggersee selbst beigebracht hatten, erst den Hunden abgeschaut und dann den älteren Jungs.

Der Wind stand günstig und ich kam den Pfählen schnell näher. Das Stimmengewirr am Strand verebbte allmählich. Nur noch das Säuseln des Windes und das Rauschen der Wellen, die manchmal mit kleinen Schaumkronen daherkamen, waren zu hören. Weit und breit kein Boot, kein Schwimmer. In der Ferne zur Linken und zur Rechten beruhigten mich die vertrauten Hochufer von Saßnitz und Binz. Ab und zu tauchten neugierige Möwen auf. So auf mich gestellt war ich noch nie. Ein Gefühl von Beklemmung machte sich in mir breit. Das Schwimmen war anstrengender als gedacht. Ich erwog umzukehren. Noch hoffte ich, mich am Bollwerk etwas ausruhen zu können. Endlich am Ziel musste ich all meine Versuche aufgeben, irgendwo einen Halt zu finden. Nirgends war ein Vorsprung oder wenigstens ein rostiger Nagel, nach dem ich hätte greifen können. Die etwa fünf Meter hohen Holzstämme, überzogen mit glitschigen Algen, waren zu dick, um sie mit den Armen zu umklammern. Panik ergriff mich. Du musst sofort umkehren, schoss mir ins Bewusstsein. Hier draußen war das Wasser kälter als in Strandnähe. Zurück schwamm ich um mein Leben. Instinktiv steigerte ich meine Schwimmbewegungen, um den Körper nicht unterkühlen zu lassen. Oft hatte ich miterlebt, wie Helfer sich am Strand bemühten, Ertrunkene zu reanimieren, meistens vergeblich.

Noch konnte ich mich auf meinen sportlich trainierten Körper verlassen. Mein Aufenthalt im Kindersanatorium lag über zwei Jahre zurück und seitdem hatte mich meine Kondition nicht mehr im Stich gelassen. Doch zunehmend musste ich einsehen, dass der Rückweg aufgrund des Gegenwindes wesentlich anstrengender war. Zeitweise hatte ich den Eindruck, überhaupt nicht mehr voranzukommen. Immer öfter tastete ich mit Zehenspitzen nach festem Grund, um eventuell eine rettende Sandbank zu entdecken. Sollte ich so enden wie jene, die alljährlich an den Binzer Strand gespült wurden? Bis zu diesem Zeitpunkt hatte ich mich noch nicht mit dem Tod beschäftigt. Niemand wusste von meinem Vorhaben. Es einmal zu wagen, war mir spontan in den Sinn gekommen. Würde man mich überhaupt finden?

Die Menschen am Strand waren mittlerweile deutlich zu erkennen, aber meine Hilferufe gegen den Wind konnten sie unmöglich hören. Ich spürte die Kälte in den Gliedern, die mir die letzte Kraft raubte, und schrie meine Angst vor dem Ertrinken heraus.

Meine Frau neben mir war erschrocken im Bett hochgefahren und rüttelte mich wach.

„Du hast gerade im Schlaf geschrien!", rief sie entsetzt. Ich muss mit meinen Erinnerungen eingeschlafen sein. Nassgeschwitzt erzählte ich ihr von meinem Traum, von der Angst zu ertrinken und von der Mutprobe, wie sie sich in der Realität zugetragen hatte. Damals war ich erst vierzehn Jahre alt und Rügen gehörte noch zur DDR.

Nachdem ich zur Ruhe gekommen war, legte ich mich wieder auf die Seite und hing meinen Erinnerungen über das glimpfliche Ende nach: Als ich endlich Sand unter den Fußsohlen spürte, war ich erleichtert, aber auch benommen. Mein ausgekühlter Körper zitterte von oben bis unten. Ich schleppte mich an den Strand, ließ mich neben meinen Sachen in den Sand fallen und genoss seine wohltuende Wärme. Das Kopfschütteln der Badegäste war mir egal. Die Kinderstimmen, ihr Lachen, das sich mit dem Plätschern der Wellen vermischte, tat mir gut. Ich rechnete damit, dass Aufpasser mich beobachtet hatten und mich zur Rede stellen würden. Ob ich das Verbotsschild nicht gelesen hätte, würden sie fragen, aber nichts dergleichen geschah. Erschöpft schlief ich ein, mit einem triumphalen Gefühl, aber auch um eine bittere Erfahrung reicher.

Wieder bei Kräften fuhr ich mit dem Fahrrad zu meinen Eltern nach Zirkow zurück. Mein waghalsiges Unternehmen erwähnte ich mit keinem Wort, schon aus Rücksicht gegenüber meinem Vater, der erst vor zwei Jahren aus der Gefangenschaft heimgekehrt war. Auch meinen Freunden durfte ich nichts erzählen, weil es sich dann wahrscheinlich bis zu meinen Eltern herumgesprochen hätte. Ich tat mich schwer, es für mich zu behalten, dennoch hatte die bestandene Mutprobe mein Selbstbewusstsein gestärkt. Als ich Jahre später darüber sprach, wollte es mir niemand mehr glauben.

Was wollte ich damit beweisen, frage ich mich heute. War es nur das Imponiergehabe unter Jungs? Vielleicht auch, aber in der DDR etwas Verbotenes zu riskieren, hatte seinen besonderen Reiz. Zweifellos war es lebensgefährlich, so weit hinauszuschwimmen. Doch dieses Verbot hatte noch einen Hintergrund, den gleichen, weshalb man die Benutzung von Luftmatratzen, privaten Booten und Tauchausrüstungen untersagt hatte, um jegliche Möglichkeit zu unterbinden, aus der DDR zu fliehen. Die Jugend protestierte damals auf ihre Weise gegen die zunehmende politisch motivierte Bevormundung.

3 Heimkehr

„Er ist da", flüsterte meine Mutter mir ins Ohr. Das Zittern ihrer Stimme verlieh den Worten etwas Würdevolles. Freudentränen tropften auf meine Wange. Obwohl ich mich noch im Halbschlaf befand, hatte ich alles verstanden. Als ich mich im Bett nicht rührte, legte sie mir die Hand auf die Stirn und sagte mit etwas mehr Nachdruck:

„Dein Vater wartet im Flur auf dich ... und vergiss nicht, ihn zu umarmen."

Dann verließ sie das Krankenzimmer der Poliklinik in Bergen, ließ aber die Tür zum Flur offen. Einen Augenblick blieb ich auf der Bettkante sitzen und genoss die Morgensonne auf meinem Rücken. Dann ließ ich meine nackten Füße auf den Fußboden gleiten und lief auf den Flur dem alten Mann entgegen, der mein Vater sein sollte. Grau war er geworden mit seinen fünfzig Jahren, fiel mir sofort auf. Dennoch, die Rolle des glücklichen Sohnes spielte ich überzeugend und warf mich in seine ausgebreiteten Arme. Mit dem Instinkt eines Zwölfjährigen ahnte ich, jetzt würde sich alles ändern.

Kurz vor meinem siebenten Geburtstag hatte ich ihn zum letzten Mal gesehen, im Februar 1945, in unserer Wohnung in Stettin. Das Ende des Krieges war abzusehen, denn die Rote Armee näherte sich bereits vom Osten der Oder. Unsere Stadt wurde fast täglich bombardiert. Wenn nachts die Sirenen heulten, wurden meine Schwester Rita und ich von unserer Mutter unsanft geweckt. Dann musste alles schnell gehen, notdürftig anziehen und im Laufschritt zum unterirdischen Bunker, noch bevor die ersten Bomben fielen. Ohne Vater, denn der hatte meistens Nachtdienst.

Immer öfter drängte er meine Mutter mit uns Kindern zur Flucht. Selbst musste er dem Befehl gehorchen, Stettin noch nicht zu verlassen. Mit einer Adresse von einem Gutshof auf der Insel Rügen, wo wir uns melden sollten, machten wir uns auf den Weg. Bis zu unserem Ziel mussten wir Strapazen ertragen, die an die Grenzen unserer Belastbarkeit gingen. Der Rügendamm war an zwei Stellen gesprengt worden. Bahn- und Straßenverkehr waren zum Erliegen gekommen. Deshalb mussten wir weite Strecken zu Fuß zurücklegen. Lediglich die letzten 10 Kilometer nach Bergen erbarmte sich ein Bauer und nahm uns auf seinem Fuhrwerk mit. Wir übernachteten zusammen mit anderen Geflüchteten in einem großen mit Stroh ausgelegten Saal. Die Gutsherrin, deren Adresse mein Vater uns mit auf dem Weg gegeben hatte, holte uns am nächsten Tag mit einer Kutsche ab. Damals war streng reglementiert, wer wie viele Menschen aus dem Osten Deutschlands aufnehmen musste. Wir wohnten nur wenige Tage auf dem Gut. Dann beschlagnahmte die deutsche Wehrmacht die Zimmer für sich und die Gutsherrin suchte uns in Zirkow, einem kleinen Dorf mit 500 Seelen, ein anderes Quartier.

Wir hatten zwar bis auf einen Koffer mit dem Allernötigsten alles verloren, aber Bombenangriffe brauchten wir nun nicht mehr zu befürchten. Die Dorfbewohner, nicht besonders erfreut über die vielen Neuankömmlinge, gaben uns immerhin ein Dach über dem Kopf und ließen uns nicht verhungern. Weder die Einheimischen noch die Flüchtlinge ahnten, dass es für die meisten kein Zurück mehr geben würde.

4 Zurück

Wegen der vielen Vertriebenen hatte sich die Einwohnerzahl von Zirkow etwa verdoppelt. Entsprechend beengt waren die Wohnverhältnisse. Deswegen mussten die Kinder die Dorfstraße und die Landschaft um Zirkow zum Spielen benutzen. Wir litten nicht im Geringsten darunter. Im Gegenteil, es schulte die Fähigkeit, uns in einer größeren Gruppe von Kindern zu behaupten und anzupassen. Trotz Hunger und zerlumpter Kleidung war es im Rückblick eine erfüllte Zeit, die unsere Kreativität gefördert hat.

Anfang Mai 1945 fuhren russische Panzer auf den Dorfplatz. Und bereits nach vier Wochen forderte der von den Russen eingesetzte Bürgermeister die Vertriebenen auf, in ihre Heimatorte zurückzukehren. Andernfalls würden sie keine Lebensmittelkarten mehr bekommen.

Meine Mutter, 39 Jahre jung, wusste nicht, was sie tun sollte. Sie hatte von den untergegangenen Frachtkähnen auf der Ostsee gehört und von anderen Horrorgeschichten heimkehrender Flüchtlinge. Dennoch entschloss sie sich Ende Juni 1945, nach Stettin zurückzukehren. Schließlich war der Krieg aus, und jeder sollte dann wieder nach Hause gehen können, so dachte man damals. Dass die Siegermächte über die Aufteilung von Polen und Hinterpommern schon entschieden hatten, wollte niemand wahrhaben. Schließlich hatte meine Mutter alles, was sie an materiellem Besitz und emotionalen Bindungen besaß, in Stettin zurücklassen müssen. Die Stadt, in der sie einmal glücklich gewesen war, zog sie magisch an. Optimistisch sagte sie zu uns: „Papa ist bestimmt schon zu Hause und richtet den Garten."

Die Reise von Zirkow nach Stettin, lediglich 240 Kilometer weit, dauerte über drei Wochen. Bereits in Stralsund wurde der Zug aus unbekannten Gründen auf ein totes Gleis außerhalb des

Bahnhofs abgestellt. Die Menschen hausten dort wochenlang in preußischen Abteilwagen, Knie an Knie, die Gepäcknetze voller Koffer. Sie schliefen angezogen auf engstem Raum. Das Essen kochten sie zwischen den Gleisen auf provisorischen Holzfeuern. Der Bahndamm diente als Toilette. Essen besorgten sie sich, indem sie auf dem schwarzen Markt ihre letzten Wertsachen eintauschten. Waschen war nicht möglich und das Trinkwasser kam aus dem Rüssel, der zum Befüllen der Dampflokomotiven diente.

Nach zehn Tagen der Ungewissheit suchte meine Mutter eine Bekannte in Stralsund auf. Diese hilfsbereite Frau brachte uns zum Bahnhof nach Greifswald, wo uns zufällig mein Cousin Gerhard entdeckte. Viele Leute trieben sich damals auf den Bahnhöfen herum, nicht etwa, um zu verreisen, sondern in der Hoffnung, ihre versprengten Angehörigen zu finden. Die Wände waren voller Zettel und Fotos mit Aufschriften „Gesucht wird...". Durch meinen Cousin, diesen kleinen Knirps, der kaum älter war als ich, erfuhren wir, dass einige unserer Verwandten nach der Flucht in Greifswald gestrandet waren.

Menschen von heute können sich nicht vorstellen, welche Not entstünde, wenn plötzlich der öffentliche Verkehr, die Stromversorgung und die Wasserversorgung zusammenbrächen, wenn die Geschäfte leer blieben und es weder Holz noch Kohle zum Heizen gäbe. Auch für mich, der all das erlebt hat, verschwindet diese Zeit allmählich in einem versöhnlichen Nebel. Immer, wenn ich mit meiner Tochter darüber spreche, sagt sie: „Vor die gleiche Situation gestellt, schaffen wir das auch." Recht hat sie!

Mit unseren Verwandten konnten wir nicht lange Wohnung und Essen teilen. Nach etwa einer Woche drängte meine Mutter, die Reise fortzusetzen. Auf dem Greifswalder Bahnhof verkehrten täglich Züge nach Stettin, überfüllt mit Polen, die aus deutscher Gefangenschaft zurück nach Hause wollten. Einige schrien aus den Fenstern der überfüllten Waggons: „Deutsche bleibt, wo ihr seid!"

Mit meinen sieben Jahren begriff ich ihre Emotionen noch nicht. Später, nachdem ich über die Geschichte besser informiert war, konnte ich sie verstehen. Nach einigen Tagen schafften wir es dennoch, mit einem Zug voller russischer Soldaten, die auf dem Weg in ihre Heimat waren, nach Stettin zu gelangen.

Weite Teile der Stadt waren verwaist. Deutsche Rückkehrer traf man nur selten an. Aber immer mehr Polen kamen nach Stettin und bezogen die leer stehenden Villen. Kaum zu glauben, unsere Wohnung war noch nicht aufgebrochen worden. Meine Mutter holte den Wohnungsschlüssel aus ihrer Handtasche und schloss die Tür auf. Sogar das elektrische Licht funktionierte und aus den Wasserhähnen kam tatsächlich Wasser.

Es begann ein einziger Überlebenskampf. Lebensmittel wurden gegen Wertsachen auf dem Schwarzmarkt getauscht. Für echtes Kristallglas konnte man Kartoffeln oder Brot bekommen. Auch ich beteiligte mich an der Beschaffung von Tauschobjekten, indem ich in den verlassenen Häusern die Keller durchsuchte und in den herrenlosen Gärten nach vergrabenen Schätzen buddelte. Das Unkraut stand meterhoch. Einmal entdeckte ich einen Kürbis und unreife Weintrauben. Ich suchte Abfallhalden nach keimenden Kartoffeln ab und pflückte Wildkräuter als Salatersatz. All das reichte aber nicht, um unseren Hunger zu stillen.

Ich wurde krank. Meine Mutter erwog in ihrer Not, mich einem kinderlosen polnischen Pärchen anzuvertrauen, das zurück nach Polen wollte, wo es auf einem Bauernhof lebte und wo es angeblich genügend zu essen gab. Als der Tag der Abreise kam, stand ich im Flur unserer Wohnung reisefertig mit meinem Rucksack auf dem Rücken. Das junge polnische Pärchen sah freudestrahlend auf mich herab. Am Gesicht meiner Mutter erkannte ich, wie sie mit sich kämpfte. Da kam es mit zusammengekniffenen Lippen und gepresster Stimme aus ihr heraus.

„Ich gebe den Jungen nicht her!", hallen ihre Worte noch heute in meinem Kopf. Große Enttäuschung spiegelte sich in den Augen des Paares. Vermutlich hatte es mit dem Kinderkriegen nicht geklappt, und es wollte sich auf diesem Weg ihren sehnsüchtigsten Wunsch erfüllen.

Eines Tages fragte mich meine Mutter, ob ich bereit wäre, mit einem Körbchen in der Hand vor der russischen Kommandantur in unserer Nähe zu betteln. Einen gewissen Stolz hatte ich schon als Siebenjähriger, aber der Hunger trieb mich täglich dorthin. Meistens nahmen die grölenden Soldaten im Vorgarten der Villa, wo sie an reich gedeckten Tischen aßen, keine Notiz von mir. Doch manchmal entdeckte mich eine Ärztin hinter dem Zaun. Sie winkte aus dem Fenster im ersten Stock, kam herunter und lotste mich heimlich in ihre Arztpraxis. Dort gab sie mir Essen und Trinken – nach langer Zeit wieder Milch. Dann unterhielt sie sich mit mir auf Russisch. Ich verstand kein Wort, genoss aber die freundliche Melodie ihrer Stimme. Diese positive Erfahrung hat mich bis heute geprägt.

Dieses Erlebnis wurde jedoch von einem anderen überschattet. Neben der Villa befand sich eine Wellblechgarage, die von den Soldaten als Pferdestall genutzt wurde. Ich sah durch die halb geöffneten Flügeltüren interessiert zu, wie ein Soldat zwei Pferde mit Brotresten fütterte. Eines Tages kam er an den Zaun und überreichte mir einen Kartoffelsack mit zwei oder drei Brotlaiben. Mit Gesten und einigen Brocken Deutsch gab er mir zu verstehen, dass ich ihn meiner Mutter bringen sollte. Was er nicht wusste, ich hatte ihn durch den Türspalt beobachtet, wie er in den Sack pinkelte, aus dem es nun heraustropfte. Ich bekam Angst, tat so, als freute ich mich. Doch an der nächsten Straßenecke ließ ich den Sack angewidert fallen.

Was Hunger und Gewalt anbelangte, war es die schlimmste Zeit unseres Lebens. Es gäbe noch viele solcher Ereignisse zu berichten, aber genug des Leids. Als meine Mutter begriff, dass Stettin nicht mehr zu Deutschland gehörte, ging sie mit uns Kindern nach Rügen zurück. Dort kamen wir wieder in Zirkow auf demselben Bauernhof unter.

Mit sechs Jahren war ich noch vor Ende des Krieges in Grünhoff, einem kleinen Dorf in Hinterpommern, eingeschult worden. Dorthin waren wir im April 1942 vor den Bombenangriffen auf Stettin zu der Mutter und den Geschwistern meines Vaters geflohen. Ich denke noch mit Schrecken an das düstere Klassenzimmer in der Klosterschule zurück, an die böse Nonne, die sich als Lehrerin vorstellte. Bereits in der ersten Schulstunde forderte sie alle Schüler auf, unseren gleichaltrigen Freund, einen Adligen vom Gut des Dorfes, ab sofort mit „Herr von …" anzusprechen. Diesen Pimpf, unseren Spielgefährten, sollten wir nicht mehr bei seinem Vornamen nennen dürfen? Das konnte ich schon als Kind absolut nicht einsehen.

Erst auf Rügen, nach unserer Flucht aus Hinterpommern, wurde ich mit inzwischen siebeneinhalb Jahren erneut eingeschult. Ich ging in Zirkow nur einige Wochen lang in die erste Klasse. Am 8. Mai 1945 war dann der Krieg zu Ende. Die Lehrerin, die uns vor dem Unterricht immer mit erhobenem Arm den Hitlergruß zelebrieren ließ, verbot uns diesen von einem Tag auf den anderen. Während der sechs Monate in Stettin gab es für deutsche Kinder keine Schulen.

5 Krankheit

Damals war Milch ein begehrtes Grundnahrungsmittel. Bei den Bauern bekam man sie günstig und ganz frisch. So auch in Zirkow, wo wir bei der Familie Raeth wohnten, die neben einer Bäckerei und einer Kornmühle einen großen Bauernhof mit vielen Tieren besaß. Für uns und alle, die auf dem Hof arbeiteten, gab es morgens immer eine warme Milchsuppe mit Mehlklumpen und dazu Brotscheiben. Rohe Milch sei gesund, glaubten die ausgehungerten Flüchtlinge. Leider hatte „meine Kuh" Tuberkulose, was vielen Kindern einschließlich mir zum Verhängnis wurde. Ob das Rindvieh tatsächlich die Ursache für meine Krankheit war, weiß ich bis heute nicht. Jedenfalls wurde ich in die Poliklinik von Bergen – Rügens Hauptstadt – eingewiesen, wo plötzlich mein Vater vor mir stand, der nach fünf Jahren aus der Gefangenschaft heimgekehrt war.

Auf dem Röntgenschirm zeigte sich eine walnussgroße Beschattung in meiner Lunge. Lungenhilusdrüsenwurzelentzündung dolmetschte die Ärztin meiner Mutter den lateinischen Begriff ihrer Diagnose. Gott sei Dank nicht ansteckend. Nach vier Wochen Krankenhausaufenthalt wies man mich in ein Kindersanatorium ein, in das Haus Herford in Binz. Dass ich dort insgesamt neun Monate zubringen würde, ahnte ich anfänglich nicht. Weihnachten 1950 kam noch eine Rippenfellentzündung hinzu. Ich erinnere mich an den Gesang der Kinder „Stille Nacht, Heilige Nacht", der aus dem Gemeinschaftsraum bis an mein Krankenbett empordrang. Währenddessen saß Frau Dr. Biermann, die Ärztin und Leiterin des Sanatoriums, an meinem Bett und rang um mein Leben – ohne Medikamente. Meine Mutter hatte vergeblich versucht, die begehrte Medizin über ihre Schwestern aus der Westzone zu beschaffen. Obwohl die DDR schon seit dem 7. Oktober 1949 existierte, sprach man weiterhin von der Ost- und

Westzone. Noch wollten sich die Menschen nicht damit abfinden, dass aus Deutschland zwei Staaten werden sollten.

Frischluft-Liegekuren unter schattigen Buchen in dem etwa einen Hektar großen Park des Kindersanatoriums und Spaziergänge in Gruppen zum nahen Strand waren unsere Medizin. Schließlich wurde ich auch ohne die Wundertabletten geheilt und als gesund entlassen. Heute bin ich dankbar dafür. Damals empfand mein kindliches Gemüt den Aufenthalt im Sanatorium als Freiheitsberaubung.

Zurück in Zirkow bei meinen Freunden lernte ich das Leben erst richtig zu schätzen. Ich genoss das herrliche Gefühl, endlich wieder zur Schule gehen zu dürfen, zu tun und zu lassen, was ich wollte, alles, was früher so selbstverständlich war. Lediglich die Sonne sollte ich noch meiden, hatte Frau Dr. Biermann meiner Mutter ans Herz gelegt. Zum Trost durfte ich auf dem winzigen Akkordeon meiner Schwester spielen. Das hatte ihr meine Mutter geschenkt, verbunden mit der Auflage, dass sie Musikunterricht nehmen sollte. Aber Rita hatte keine Lust, so wurde das Instrument nach und nach mein Eigentum. Allerdings musste ich mich als Autodidakt durchbeißen.

6 Er berichtet

Im Februar 1945 mussten wir Stettin ohne unseren Vater verlassen. Er hatte den Befehl bekommen, bis zur Kapitulation der Stadt auf seinem Revier auszuharren. Als Polizeimeister war er Hundeführer und darauf spezialisiert, Diensthunde abzurichten. Ich bin gleichsam unter Hunden aufgewachsen. Das Abrichten der Tiere, genauso wie das Gärtnern – insbesondere die Rosenzucht –, das Fotografieren und allerlei handwerkliche Arbeiten zählten zu seinen Leidenschaften. 1936 hatte er im Rahmenprogramm der Olympiade mit seinem Schäferhund einen Preis gewonnen.

Jetzt war mein Vater dank Konrad Adenauer nach langer Gefangenschaft aus Sibirien heimgekehrt. Zeitweise hatten wir uns schon damit abgefunden, dass er in den Kriegswirren ums Leben gekommen sein musste.

Nun erfuhren wir, wie es ihm tatsächlich ergangen war. Als auch er Stettin verlassen durfte, lief sein treuer Hund, ein großer Airedale-Terrier, kilometerweit seinem Motorrad hinterher. Meinem Vater blieb nichts anderes übrig, als das Tier zu erschießen, natürlich unter Tränen. Trotzdem habe ich ihm das lange nachgetragen, weil Illo – so hieß der Hund – auch mein Liebling war. Als Vierjähriger öffnete ich aus Mitleid ab und zu die Tür seines Zwingers im Hinterhof, was mir mein Vater streng verboten hatte, denn ein Polizeihund durfte nur mit Maulkorb frei herumlaufen. Voller Freude peste der Hund den langen Hof hin und her, bis er sich hechelnd neben mich legte. Dann durfte ich mich sogar auf seinen Rücken setzen. Von wegen bissig, ich sehe heute noch seine dankbaren Augen vor mir.

Wie wir von meinem Vater weiter erfuhren, wurde die Stettiner Polizei, kurz bevor die Rote Armee die Stadt eingenommen hatte, nach Schwerin verlegt. Dort durfte sie nach Kriegsende unter den Engländern noch vier Wochen lang ihren Dienst ausüben. Dann zogen sich die Engländer zurück und überließen die Stadt am 1. Juli 1945 den Russen. Auch diese ließen die deutsche Polizei noch weiter ihren Dienst verrichten. Aber nach zwei Wochen wurden alle Polizisten verhaftet und nach Neubrandenburg im Gefangenenlager Fünfeichen interniert. Davon erfuhren wir erst am 4. August 1945 aus einem längeren Brief, den mein Vater mit Bleistift auf Packpapier geschrieben und aus dem Lager geschmuggelt hatte. Nun war sicher, dass er bis zu diesem Zeitpunkt überhaupt noch lebte. Danach hörten wir etwa anderthalb Jahre lang nichts mehr von ihm.

Die Gefangenen im Lager Fünfeichen ahnten schon, dass man sie bald nach Sibirien deportieren würde. Für diesen Fall hatte mein Vater heimlich einen weiteren Brief an meine Mutter verfasst. Mit wasserfestem Kopierstift schrieb er nachts auf seiner Koje liegend auf einen Fetzen Leinen seines Hemdes. Das spärliche Licht der Überwachungsscheinwerfer, das durch das Barackenfenster drang, musste genügen. Außerdem durfte der Wachposten im Flur der Baracke nicht misstrauisch werden. Ständig musste mein Vater den Stift mit Spucke befeuchten. Ordentlich in ein Leinensäckchen eingenäht mit der Aufschrift ACHTUNG BELOHNUNG, trug er den Brief immer am Körper.

Am 17. Januar 1946 war es dann so weit. Ein langer Güterzug stand auf dem Neubrandenburger Bahnhof zur Abfahrt bereit. Hunderte Gefangene wurden in Viehwaggons verladen. Erst als der Zug das Bahnhofsgelände verlassen hatte, warf mein Vater das Leinensäckchen durch ein Loch im Boden zwischen die Gleise. Es war für die Notdurft der Gefangenen extra in den Fußboden des Waggons gesägt worden.

Unerwartet erhielt meine Mutter in Zirkow eines Tages eine Nachricht von einem Bahnbeamten aus Neubrandenburg. Der

Mann schrieb, er habe bei Wartungsarbeiten zwischen den Gleisen ein Leinensäckchen mit der Aufschrift „ACHTUNG BE-
LOHNUNG" gefunden. Das Säckchen enthielte einen Brief mit
ihrer Adresse und müsse dort mindestens schon ein Jahr lang gelegen haben. Der zwei Seiten lange Brief war voller Abschiedsschmerz und Empfehlungen für unsere Zukunft. Er ahnte bereits,
wohin man ihn zusammen mit den anderen Gefangenen deportieren würde.

Nach einem weiteren Jahr traf eine Postkarte aus Sibirien ein.
Dadurch bekamen wir Gewissheit, dass er sich tatsächlich in russischer Gefangenschaft befand und es ihm den Umständen entsprechend noch gut ging.

Nachdem sich meine Mutter mit ihren beiden Kindern fünf
Jahre lang allein durchs Leben hatte kämpfen müssen, geprägt
von Gewalt und Hunger, war plötzlich der Vater wieder da. Die
Wohnung bei den Raeths platzte mit vier Personen aus allen Nähten. Bald fanden wir aber eine etwas größere im Dachgeschoss
des Pasterhuus[1] von Zirkow. Sie bestand immerhin aus einer Küche, einem Wohnschlafzimmer und einer Dachkammer, die mein
Reich wurde.

---

[1] Plattdeutsch, auf Hochdeutsch Pfarrhaus.

7 Alltag

Die Erwachsenen in meinem Umfeld arbeiteten hart von früh bis spät. Nicht, dass sie andernfalls verhungert wären. Die Vertriebenen, die alles verloren hatten, sehnten sich nach den alten Zeiten und wollten ihren gewohnten Lebensstandard durch Fleiß wieder herbeitrotzen. Gelegentlich feiern, ja, aber Urlaub war in den ersten Jahren nach Kriegsende noch ein Fremdwort. Mein Vater nahm jede Arbeit an, die ihm angeboten wurde, denn in den Polizeidienst hätte man ihn in der DDR nicht mehr eingestellt. Sein Motorrad, eine NSU 125, Baujahr 1939, hatte er in Schwerin noch vor seiner Festnahme bei Bekannten versteckt. Nun hatte er es wieder flott gemacht und konnte damit bis nach Bergen fahren, wo er zunächst als Hotelportier im Mecklenburgischen Hof arbeitete.

Eigenartig, ich kann mich nur noch an wenige gemeinsame Unternehmungen mit meinem Vater erinnern, seit er 1950 aus der Gefangenschaft zurückgekehrt war. Vielleicht lag es daran, dass ich monatelang im Kindersanatorium zubringen musste und später im Internat wohnte. Oder es lag daran, dass mein Vater möglichst schnell wieder den verlorenen Wohlstand schaffen wollte. Wie auch immer, jedenfalls arbeitete er tatsächlich wie besessen, nicht nur in seinen diversen Jobs, um Geld zu verdienen, sondern auch noch nach Feierabend. Er pachtete ein kleines Stück Land, auf dem er Getreide anbaute. Er zog sogar ein Schwein groß, das er mit dem Schrot aus dem Korn mästete und schließlich zum Schlachter brachte, der es zu Schinken, Wurst etc. verarbeitete. Außerdem hatten wir noch einen kleinen Garten. Für die Hühner und Kaninchen war ich zuständig. Und zu guter Letzt wurde im Herbst die Weihnachtsgans gemästet, die meine Mutter täglich nudelte[2]. Das tat sie zwar widerwillig, aber die Hungersnot nach Kriegsende unter den Polen in Stettin war noch nicht vergessen. Außerdem sorgte sie immer für genügend Marmelade aus Blaubeeren. An schulfreien Tagen musste ich sie in den Wald begleiten. Missmutig folgte ich ihr, denn Schwärme von Mücken warteten schon auf mich.

Meine Eltern waren durch die leidvolle Erfahrung mit Hunger nach dem Krieg zu Selbstversorgern geworden, wie die meisten Heimatvertriebenen. Was das Essen betraf, ging es uns in der DDR verhältnismäßig gut. Vor allem war es gesund, weil es hauptsächlich aus Naturprodukten bestand. Zucker und Fett wurden nur sparsam verwendet. Die Grundnahrungsmittel bekam man im Konsum gegen Lebensmittelmarken. Wenn diese nicht reichten, ging man im Herbst über die abgeernteten Felder, um Säcke voller Ähren zu sammeln. Dann bat man einen Bauer, der gerade sein Getreide drosch, die gesammelten Ähren zu dreschen. Und schließlich ließ man beim Müller das Korn zu Mehl mahlen und tauschte es beim Bäcker gegen Brot ein. Nach Kriegsende waren die meisten Menschen ständig ausgelastet, etwas zu organisieren oder selbst herzustellen, was es noch nicht zu kaufen gab. Beispielsweise mussten Kinder im Herbst Bucheckern sammeln, damit ihre Eltern daraus ein hervorragendes Speiseöl pressen konnten.

Einmal hatte mein Vater mich in den Wald mitgenommen, um aus einem Stuppen – das plattdeutsche Wort für Baumstumpf – Brennholz zu machen. Er hatte Äxte und Handsägen dabei. Eine verdammt schweißtreibende Arbeit in der Sommerhitze mit lästigen Mückenschwärmen. Viele Jahre nach Kriegsende waren

---

[2] In Norddeutschland ist nudeln ein anderes Wort für mästen. Den Gänsen wurden aus Kleie und Wasser geformte Nudeln in den Schnabel gestopft.

die Wälder sauber wie geleckt. Zweige und Tannenzapfen lagen nicht mehr herum, weil alle nur noch mit Holz heizten und kochten. Es zu sammeln war erlaubt, für Stuppen brauchte man eine Genehmigung.

Ein andermal durfte ich ihn zu einem Motorrad-Grasbahnrennen nach Teterow begleiten. Ich war derart begeistert, dass ich den Namen des Champions heute noch weiß: Hans Zierk. Die grüne Piste, auf der das Rennen in einem Oval stattfand, glich zunehmend einem schwarzen Morast, der den Zuschauern um die Ohren flog. Die Rennfahrer verschmolzen mit ihren Motorrädern buchstäblich zu einem matschigen Moder.

Auch zu einer Artisten-Show im Freien hatte er mich eines Tages eingeladen. Wieder ging es um ein Motorrad. Ein Artist fuhr damit in großer Höhe über ein Hochseil. Mein Vater liebte Motorräder über alles – seins insbesondere. Ständig zerlegte er es, um etwas zu reparieren. Dabei lernte ich viel von ihm, das mir später noch zugutekommen sollte.

Relativ oft haben wir gegeneinander Schach gespielt. Aber rein rechnerisch haben sich unsere Wege während der DDR-Zeit wenig gekreuzt. Nicht zuletzt, weil er ein Jahr vor mir aus politischen Gründen in den Westen geflohen war.

Mein einziges Fortbewegungsmittel war ein Fahrrad, das ich mir selbst zusammengebastelt hatte. Der Bewegungsradius war dadurch hauptsächlich durch meine Kondition begrenzt. Den Bus zu benutzen war eher die Ausnahme, lediglich wenn mich meine Eltern zu einer Besorgung nach Bergen schickten. Überhaupt war der öffentliche Nahverkehr damals noch miserabel.

Mit dem Fahrrad erreichte ich immerhin Orte in der näheren Umgebung. Das Rad war meine kleine Freiheit. Damit habe ich später längere Touren unternommen, nach Potsdam und Schleswig-Holstein ins andere Deutschland. Viele Orte auf Rügen habe ich erst kennengelernt, als ich schon in der BRD lebte und auf der Insel Urlaub machte. In der DDR kam ich außerhalb Rügens nicht weit herum, lediglich durch Ferienfahrten und Sportwettkämpfe.

Der Jugend wurde in der DDR von staatlicher Seite viel geboten, damit sie bloß nicht auf andere Gedanken kommt. Erst als ich älter war, wurde mir klar, dass die Organisationen JP[3] und FDJ[4] dahintersteckten, deren Anliegen es war, die junge Generation der DDR für den Sozialismus zu ködern. Als Vierzehnjährigem war es mir jedoch egal, wer mit welcher Absicht hinter meinem Vergnügen stand. Hätte ich nicht mitgemacht, wäre ich isoliert worden.

---

[3] Junge Pioniere, eine Kinderorganisation der Freien Deutschen Jugend (FDJ).
[4] Freie Deutsche Jugend.

8 Ferien

Einmal verbrachte ich meine Sommerferien in Thüringen. Alles war hervorragend organisiert worden, die Zugfahrt, die Unterkünfte und das Essen. Wahrscheinlich brauchten meine Eltern dafür nichts zu bezahlen. Bereits die lange Zugfahrt zusammen mit Schülern aus anderen Klassen war ein Abenteuer. In den Waggons ließen sich noch die Fenster öffnen, um sperriges Gepäck durchzureichen und Abschied zu nehmen. Wir hielten unsere Köpfe in den Fahrtwind, bis uns die Funken von der Dampf-Lokomotive in den Augen brannten.

In Thüringen haben wir viele Wanderungen unternommen, das Goethehaus in Weimar besucht und uns mit Sport und Spielen vergnügt. Während unseres Aufenthaltes kann ich mich an keine politischen Vorträge, Diskussionen oder gemeinsam gesungene sozialistische Lieder erinnern. Die DDR war noch jung, mag sein, dass sich dies später geändert hat.

Die Schüler waren bei Privatleuten und in Schulen untergebracht worden. Ich wohnte in einem kleinen Haus bei einer Familie in Ilmenau, im Zimmer ihres Sohnes, der Mathematik studierte und irgendwo anders seine Ferien verbrachte. Auf seinem Schreibtisch bewunderte ich seine Hefte voller komplizierter Formeln, die ich jedoch noch nicht verstand. Unglaublich, aber diese zufällige Entdeckung von Seiten voll mit unverständlicher Algebra weckte mein Interesse an der Mathematik.

Wolf Grünke, damals unser Grundschullehrer und später auf Rügen ein berühmter Fotograf, nahm an der Klassenfahrt ebenfalls teil. Er verstand eine Menge vom Fotografieren und entwickelte seine Bilder selbst. Von ihm bekamen wir viele Tipps, worauf es dabei ankam.

Zu Hause in Zirkow fanden in den restlichen Ferienwochen „Technische Zirkel" für interessierte Schüler statt. Ich erinnere mich noch an den Elektrozirkel von Wolf Grünke. Er war ein toller Lehrer, der es verstand, die Jungs für Physik und Technik zu begeistern. Mit den älteren Schülern bastelte er einfache Radioempfänger, aus einem Quarzkristall, Drehkondensator, etc.

Den Jüngeren zeigte er, wie man mit einem Hufeisen-Magneten, etwas Kupferdraht, einer Stricknadel und einer Konservendose einen Elektromotor baut. Alles auf ein Brett montiert, an eine Batterie angeschlossen und schon drehte sich die Spule im Magnetfeld. Das Erfolgserlebnis war perfekt.

Ich war erst zwölf Jahre alt, als wir unter seiner Anleitung eine elektrische Schalttafel basteln durften. Auf einer Holztafel befanden sich ein Transformator, eine selbst gebastelte Türklingel, diverse Glühbirnchen sowie jede Menge Kabel und Schalter. Dieses geliebte Spielzeug wollte ich, komme was da wolle, mit ins Kindersanatorium nehmen. Aber die entsetzten Blicke von Frau Dr. Biermann verrieten mir sofort: Daraus wird nichts.

9 Potsdam

Außer rationierten Grundnahrungsmitteln gab es kurz nach Kriegsende in den Läden praktisch nichts. Spielzeug stand ganz unten auf der Liste, sowohl bei den Produzenten als auch bei den Eltern. Die Kinder mussten sich ihre Wünsche selbst erfüllen. Anfänglich bauten wir unser Spielzeug aus Materialien, die wir auf dem Müllplatz fanden und bastelten daraus kleine lenkbare Miniaturlastwagen. Damals wurde nichts achtlos weggeworfen. Alles war noch zu gebrauchen oder wurde zweckentfremdet verwendet. Es war ein Glücksfall, wenn wir eine weggeworfene Konservendose oder etwas Sperrholz fanden. Die kleinen Nägel zum Basteln mussten wir selbst herstellen, indem wir Drähte in den Schraubstock spannten und die Nagelköpfe mit dem Hammer schmiedeten.

Im Alter zwischen zehn und fünfzehn wurden aus uns hervorragende Fahrradspezialisten. Aus der Not heraus hatten wir keine andere Wahl, wenn wir jemals ein Fahrrad unser Eigen nennen wollten. Einige bettelten den Bauern ihre kaputten Räder ab, andere bauten sie sich aus Schrottteilen zusammen. Wir kannten jede Schraube und jedes Kugellager. Ersatzteile für Fahrräder waren im Dorf eine begehrte Handelsware. Jeder wusste sich zu helfen, wenn etwas am Rad zu reparieren war. Mag sein, dass es 1950 schon Fahrräder in der DDR zu kaufen gab, die wir uns sowieso nicht hätten leisten können. Wie auch immer, wir bevorzugten alte Räder mit Ballonreifen, die auf den sandigen Wegen Rügens nicht einsackten und auf Kopfsteinpflaster weicher fuhren. Solche dicken Reifen gab es schon 1930, und sie sind kürzlich für Mountainbikes wiederentdeckt worden.

Vor seiner Gefangennahme in Schwerin hatte mein Vater sein heiliges Werkzeug bei einem Bekannten versteckt. Weil die

Menschen damals noch ehrlicher waren, meldete sich der Herr eines Tages bei meiner Mutter. Und mit einem Schlag hatte ich einen kompletten Werkzeugsatz zum Basteln. Darunter befanden sich Gewindeschneider, Metallbohrer, eine Handbohrmaschine und zahlreiche andere Dinge. Ahnung hatte ich selbstverständlich nicht viel, so fragte ich unseren Dorfschmied, Meister Friedrichs, Löcher in den Bauch. Von meiner Mutter hatte ich eine winzige Ecke in der Dachkammer neben unserem Wohnzimmer als Werkstatt bekommen. Mit etwa dreizehn Jahren stand ich dort bei brütender Sommerhitze monatelang am Schraubstock und werkelte immer darauf achtend, dass ich mit dem Kopf nicht gegen die schrägen Dachbalken rannte. Die Jungs im Dorf träumten davon, sich Gangschaltungen für ihre Fahrräder zu bauen. Wenn vor dem Gasthaus Köhn ein Rad mit einer Gangschaltung stand, konnte es nur aus dem goldenen Westen stammen. Während der Wessi in der Wirtsstube saß, lagen wir vor seinem Rad auf dem Kopfsteinpflaster und studierten die technischen Details. Manchen Hebel und die kleinen Ritzel mussten wir aus dem vollen Metall sägen und feilen. Zu kaufen gab es solche extravaganten Bauteile nicht. Walter Jager – alle nannten ihn Bübs – und ich waren mächtig stolz, als unsere Gangschaltungen tatsächlich funktionierten. Meine konnte ich Jahre später noch für 15 Ostmark an Horst Gutknecht aus Pantow verkaufen, für mich ein Vermögen.

Meister Friedrichs mochte Kinder. Manchmal durften wir auch seine Schmiede betreten. Dort erhielten wir von den Gesellen allerlei Ratschläge. Zum Dank traten wir den Blasebalg für das Schmiedefeuer.

Je älter wir wurden, desto mehr sehnten wir uns nach der großen, weiten Welt, zumal unsere an den Grenzen der DDR endete. Bübs und ich waren fünfzehn Jahre alt, als wir diesem Fernweh nachgaben. Wir planten eine Fahrradtour nach Berlin. Er wollte bis nach Moabit zu seinen Verwandten. Ich wollte nach Potsdam, um meine Cousine Charlotte und ihren Mann Werner zu besuchen. Moabit gehörte damals zu Westberlin, Potsdam zu Ostberlin.

Eine solche Fahrradtour war damals mit den selbst gebauten, schweren Fahrrädern, den alten Reifen, den geflickten Schläuchen, ein riskantes Unternehmen. Nicht zuletzt auch wegen der maroden Straßen ohne befestigte Fahrradwege. Um Derartiges zu wagen, muss man jung, mutig und ein bisschen verrückt sein. Auf alle Fälle sollte die Fahrt ein Härtetest für unsere selbst gebauten Gangschaltungen werden.

Die Strecke von Zirkow nach Potsdam über Neustrelitz betrug etwa 270 Kilometer. Auf dem Hinweg übernachteten wir in Neustrelitz bei einem Bauern, der uns gastfreundlich mit einem üppigen Abendbrot und Frühstück bewirtete.

Wir waren zwar im Alter von fünfzehn Jahren sportlich sehr gut trainiert, weil wir täglich mit dem Rad unterwegs waren und uns ständig Rennen lieferten. Aber was hätte nicht alles passieren können, wenn einer von uns gestürzt oder der Fahrradrahmen gebrochen wäre. Wir verließen uns jedoch auf unsere Fähigkeit zu improvisieren. Diese Eigenschaft beherrschten alle Menschen in der DDR besonders gut. Sie hatte sich aus der materiellen Not heraus entwickelt.

Erschöpft traf ich an meinem Ziel in Potsdam ein, einem Eckhaus in der Friedrich-Ebert-Straße, das ich nur von Fotos kannte. Charlotte und Werner empfingen mich herzlich. Wir mochten uns. Im Dachgeschoss ihres Hauses bekam ich ein kleines Zimmer. Dort verbrachte ich zwei Wochen meiner Sommerferien.

Werner zeigte mir im Erdgeschoss stolz seine kleine Werkstatt. Er war ein gefragter Graveur, weit über Potsdam hinaus bekannt. Sämtliche Pokale, Medaillen für Sportwettbewerbe und

Orden für die Helden der DDR wurden von ihm graviert. Dadurch war er für ostdeutsche Verhältnisse wohlhabend und konnte sich sogar ein Motorboot leisten. An die Ausflüge auf der Havel zu idyllischen Bade- und Picknickplätzen habe ich wunderbare Erinnerungen.

Werner und ich fuhren mit dem Fahrrad kreuz und quer durch Potsdam. Dabei hatte er wegen des Straßenverkehrs immer Angst um mich, weil der im Verhältnis zu Zirkow selbstverständlich gefährlicher war. Er zeigte mir sein Potsdam, das Holländerviertel, das Schloss Sanssouci und den Cecilienhof, wo 1945 Churchill, Truman und Stalin unter anderem die neuen Grenzen Deutschlands festgelegt hatten. Damit hatten die drei Herren auch besiegelt, dass meine Eltern niemals mehr in ihre Heimat nach Stettin zurückkehren konnten. Aber das geschah wiederum nur, weil ein größenwahnsinniger Aggressor Deutschland nach Osten hatte ausdehnen wollen. Meine Eltern trauerten der verlorenen Heimat nach. Für mich, jemanden aus der Nachkriegsgeneration, war die Geschichte schon damals für immer erledigt.

Für meine Mutter hatte mir Charlotte ein Carepaket von den Amerikanern übergeben, gefüllt mit Delikatessen, die in der DDR nicht zu haben waren, wie Bohnenkaffee, Kondensmilch und Schokolade. Am Ende meines Ferienaufenthaltes hatte ich das Paket fast leer gefuttert, nur die heiligen Kaffeebohnen für meine Mutter ließ ich unangetastet.

Um die Rückfahrt anzutreten, traf ich mich mit Bübs früh morgens in Oranienburg. Wir nahmen uns vor, noch am selben Tag die 230 Kilometer bis nach Greifswald zu schaffen. Das Wetter war schlecht, streckenweise regnete es und der Wind blies uns ins Gesicht. Erst gegen Mitternacht trafen wir dort ein. Als ich vom Fahrrad stieg, dauerte es etwas, bis ich wieder gerade laufen konnte, und über meinen Hintern möchte ich lieber nicht schreiben. Wir übernachteten in einer Jugendherberge. Die restliche

Etappe bis nach Zirkow stand am folgenden Tag bevor. Trotz der nur noch 70 Kilometer zog sich die Strecke endlos hin. Nach dem Überqueren des Rügendamms wurde die Landschaft immer hügeliger. Soweit ich mich erinnere, war es schon dunkel, als wir in Zirkow eintrafen. Die selbst gebauten Gangschaltungen von Bübs und mir hatten den Test hervorragend bestanden.

10 Aufbegehren

Irgendetwas lag in der Luft. Die Menschen benahmen sich anders als sonst. Die Mutigen steckten auf der Straße die Köpfe zusammen und tuschelten. Als ich mich ihnen näherte, verstummten sie und taxierten mich. Schließlich erinnerten sie sich: „Ach ja, der Junge von nebenan." Die Vorsichtigen hatten sich in ihren Wohnungen verkrochen und diskutierten die Ereignisse. Die wenigen Besitzer von Volksempfängern versuchten, RIAS Berlin zu empfangen. Für die Erwachsenen war dieser Rundfunksender eine wichtige Informationsquelle. Dass der Westsender hetzte und hoffte, die Unruhen seien nur der Anfang vom Ende der DDR, musste man immer berücksichtigen.

Wortfetzen wie Ostberlin, Arbeiter, Streik schnappte ich auf. Allmählich konnte auch ich mir ein ungefähres Bild machen. In Berlin hatten Werktätige die Arbeit niedergelegt und demonstrierten auf den Straßen. Man schrieb den 17. Juni 1953.

Wieso streiken sie, ihnen gehört doch sowieso alles, fragte ich mich. Schließlich arbeiteten sie in volkseigenen Betrieben. In der Schule hatten wir gelernt, dass alles dem Volk gehört und dass es weder Reiche noch Arme in der DDR gibt.

Gegen sich selbst zu streiken ergibt keinen Sinn – so etwa sahen es die Regierung und der große Bruder in Moskau. Und wenn dennoch einmal gestreikt wurde, bezeichnete man solche Ereignisse als vom Westen gelenkte Aufstände gegen das sozialistische System.

Der erste Tag war vorüber, ohne dass ich verstanden hatte, worum es eigentlich genau ging. Das lag wahrscheinlich an meinem politischen Desinteresse im Alter von erst fünfzehn Jahren. Aber die lähmende Angst der Menschen und die Nervosität der Sicherheitsorgane hatte ich sehr wohl wahrgenommen.

Erst in den folgenden Tagen drangen immer mehr glaubhafte Informationen bis nach Rügen, vor allem durch Berliner, die auf Rügen ihren Urlaub verbrachten. Ansonsten verbreiteten sich brisante Nachrichten immer schnell. Doch dieses Mal waren die Berichte so ungeheuerlich, dass man sie kaum glauben konnte: Hunderttausende Arbeiter sollen in Ostberlin die Arbeit niedergelegt und auf der Straße demonstriert haben. Gefängnisse und Polizeireviere sollen gestürmt worden sein. Unglaublich, angeblich waren russische Panzer gegen die eigenen Gesinnungsgenossen aufgefahren.

Überall herrschte ratloses Schweigen. Über die Geschehnisse in Berlin unterhielt man sich nur im Flüsterton. Niemand traute sich auf die Straße, etwa um den Aufstand zu unterstützen. Nur die Gardinen bewegten sich hier und da hinter geschlossenen Fenstern. Den Rebellen zu spielen, beispielsweise auf der Straße zu demonstrieren, war in der DDR gefährlich! Nicht nur aus Furcht, verhaftet zu werden – ohne Aussicht auf einen fairen Prozess. Es war vielmehr die Angst, für immer zu verschwinden. Zu beweisen war dies nicht, aber derartige Gerüchte hielten sich hartnäckig. Die Stasi[5] begegnete einem solchen Verdacht, indem sie Gegendarstellungen verbreitete, zum Beispiel:

„Jemand hat feige seine Frau und Kinder im Stich gelassen und ist in den Westen abgehauen."

Die Stimmung der Menschen war lange danach noch enorm angespannt. Die Propaganda des Regimes lief auf vollen Touren: Westdeutsche Kollaborateure und Agenten hätten angeblich die

---

[5] Abkürzung für Staatssicherheit, Ministerium für Staatssicherheit (MfS) der DDR.

Werktätigen der DDR aufgehetzt. Alle Genossen wurden aufgerufen, diese subversiven Kräfte zu enttarnen und unschädlich zu machen.

Wie ich von meinem Schulfreund Hans Joachim erst jetzt erfuhr, hatten sich auch die Arbeiter von der Volkswerft in Stralsund dem Aufstand angeschlossen. Sein Bruder, der dort gearbeitet hatte, erzählte ihm, die Werftarbeiter hätten damals den Partei-Sekretär der SED kurzerhand ins Wasser geworfen, also in den Strelasund, der Rügen vom Festland trennt. Der Aufstand hatte in etwa 700 Städten Nachahmer gefunden. Das wurde selbstverständlich in der DDR mit allen Mitteln totgeschwiegen.

Wegen meiner sportlichen Aktivitäten hielt ich mich öfter in Binz auf. In den Tagen nach dem 17. Juni war es beängstigend still. Ausgangssperre, danach Versammlungsverbot. Das ging so weit, dass patrouillierende Polizisten auf der Straße Leute auseinandertrieben, die sich arglos unterhielten. Einmal stand ich mit zwei Sportsfreunden vor dem Goldenen Löwen in der Binzer Hauptstraße. Wir unterhielten uns über dies und jenes. Plötzlich kam ein Polizist im Eilschritt auf uns zu und forderte uns auf, nicht zusammenzustehen.

„Geht auseinander", spulte er barsch seinen Text herunter, den man ihm eingebläut hatte.

Irgendwie glaubten die Menschen damals nicht an einen Umbruch. Der Aufstand wurde niedergeschlagen und mit der Aussichtslosigkeit solcher Aktionen im Kopf gingen sie wieder zur Tagesordnung über.

Über den Aufstand existieren mittlerweile Tausende Presseberichte, Filme und Bücher über den Aufstand in Ostberlin. Hinterher ist man immer schlauer. Ich habe mich beim Schreiben darauf beschränkt, meine Wahrnehmungen als Jugendlicher darzulegen. Heute fragen sich viele, wo waren die Helden am 17. Juni 1953? Diese Frage wird bei der Aufarbeitung von Geschichte immer gestellt, leider meistens von jenen, die nicht dabei waren.

11 Jugendtreffen

Als ich etwa fünfzehn Jahre alt war, wollte ich nicht mehr zugeben, dass ich vom Dorf kam, insbesondere nicht vor den kessen Mädchen aus Berlin, die in Binz ihre Ferien verbrachten. Ich nutzte jede Gelegenheit, um aus dem dörflichen Milieu herauszukommen. Obwohl Rügens Schönheit sich in mein Herz eingegraben hatte, die Welt außerhalb wollte ich unbedingt auch kennenlernen. Vielleicht bekäme ich sogar eine Genehmigung, nach Westdeutschland zu reisen, aber Mutter und Vater hätten als Pfand zurückbleiben müssen.

Als 1954 das Deutschlandtreffen der Jugend in Ostberlin stattfand, wollte ich dabei sein. Organisiert wurde es vom sozialistischen Jugendverband der FDJ. Obwohl ich kein Mitglied war, wurde ich trotzdem in die Liste der Teilnehmer aufgenommen. Dieses Treffen hatte den politischen Hintergedanken, junge Menschen aus Westdeutschland einzuladen, um sie für die sozialistische Idee zu gewinnen. Wie auch immer, keines Falls wollten ich und viele andere auf dieses kostenlose Angebot verzichten. Die Gelegenheit, in eine Großstadt zu kommen, vielleicht sogar nach Westberlin, war sehr verlockend.

Meine Mutter packte mir das Nötigste in meinen Rucksack. Am Bahnhof in Bergen gesellte ich mich zu den anderen, die mir größtenteils unbekannt waren. Der Güterzug stand schon bereit. Die geschlossenen Vieh-Waggons waren provisorisch mit Sitzgelegenheiten und mit Stroh zum Liegen ausgestattet worden. Vermutlich reichten die Personenzüge nicht aus, um die rund 500.000 Jugendlichen aus der DDR nach Berlin zu transportieren. Wir waren von Luxus nicht verwöhnt, im Gegenteil, das Provisorium hat uns gefallen. In Berlin wurde unsere Gruppe auf dem Dachboden eines dreistöckigen Wohnblocks in Pankow untergebracht, wo man Matratzen zum Schlafen auf den Fußboden ausgelegt hatte. Unter derartigen Provisorien litt niemand, im Gegenteil, es machte Spaß. Jeder bekam Essensmarken und eine Art Ausweis. Das Dokument berechtigte uns, mit der U- und S-Bahn zu fahren, wohin wir wollten – kostenlos, versteht sich. Ansonsten waren wir in Berlin auf uns allein gestellt und wurden nicht gezwungen, an irgendwelchen Veranstaltungen oder Umzügen teilzunehmen. Diese Freiheit kostete ich bis zum letzten Tropfen aus. Neugierig, ohne ein bestimmtes Ziel fuhr ich mit der S-Bahn kreuz und quer durch Berlin. Manchmal unterbrach ich die Fahrten, um mir die Stadt aus der Nähe anzusehen. Die Mauer gab es noch nicht. Wenn man ohne die Schilder zu beachten manche Straßen entlangging, konnte es passieren, dass man sich plötzlich im Westen befand. Während des Deutschlandtreffens waren die Kontrollen an den wichtigsten Grenzübergängen allerdings verschärft worden. Junge Leute wurden von Partei-Funktionären abgefangen, zur Rede gestellt und wieder zurückgeschickt. Kontrolliert wurde hauptsächlich die S-Bahn, die von der DDR-Jugend vorzugsweise benutzt wurde, um sich Westberlin anzusehen.

Eine derartige Kontrolle habe ich einmal aus nächster Nähe miterlebt. Als die Bahn an der Station Zoo im Westsektor hielt, stiegen zwei Grenzpolizisten in DDR-Uniform in unseren Waggon ein. Das durften sie, weil alle Gleisanlagen und Bahnhöfe der Berliner S-Bahn damals zum Hoheitsgebiet der DDR gehörten.

„Ausweise bitte", sprach einer der beiden höflich, aber mit versteinerter Miene die Fahrgäste an. Sie kamen immer zu zweit und solche Prozeduren dauerten oft lange. Als ein junger Mann, der eine Sitzreihe vor mir saß, an der Reihe war – sein kariertes Hemd hatte ihn als Ossi verraten –, forderte einer der Kontrolleure ihn auf:

„Spuck den Kaugummi aus, Genosse." Der weigerte sich jedoch und kaute weiter darauf herum. Er wurde noch mehrere Male aufgefordert, sofort dieses westliche Utensil aus dem Mund zu nehmen, das als Symbol des schlimmsten Klassenfeindes galt. Der Junge, er war höchstens 18 Jahre alt, argumentierte selbstbewusst:

„Was ich im Mund habe, geht niemanden etwas an."

Im Waggon herrschte Grabesstille. Als man den Jungen schließlich abführte, erhob sich ein empörtes Raunen, das aber schnell wieder verstummte. Ich sah noch, wie die Kontrolleure auf dem Bahnsteig an ihm herumzerrten. Nach längerem Aufenthalt setzte sich die S-Bahn endlich wieder in Bewegung. Solche Begebenheiten wurden in den DDR-Medien standardmäßig totgeschwiegen.

Trotz des Vorfalls traute ich mich, an der nächsten Station in Westberlin auszusteigen. Ich mischte mich unter die Mitreisenden und verließ unbehelligt den Bahnhof. Außerhalb der Halle führte eine Hauptader des Westberliner Straßennetzes vorbei. Fasziniert vom großen Rauschen der Stadt blieb ich auf dem Bürgersteig stehen und beobachtete den vorbeibrausenden Verkehr. So etwas hatte ich noch nie erlebt. Die VW-Käfer, Motorroller und Lastwagen fuhren auf mehreren Spuren nebeneinander, für meine Begriffe viel zu schnell und überholten sich mit gefährlichen Manövern. Ich war beeindruckt und ließ den Motorenlärm eine Weile auf mich wirken. Schließlich mischte ich mich unter die Passanten, die es ähnlich eilig hatten wie die Autos. Die bunte Werbung und die Angebote in den Auslagen der Geschäfte versetzten mich ins Staunen. Doch zwischen meinen Träumen und mir stand unerbittlich das Schaufensterglas. Die Preise der Waren schienen mir unerschwinglich. Offenbar konnten sich viele Westberliner das leisten. Vielleicht könnte ich das auch, wenn ich hier leben würde, überlegte ich.

Diese fremde Welt faszinierte mich. Aber auf Dauer hätte ich im brodelnden Großstadtgetriebe nicht leben wollen. Noch war ich der Junge vom Land.

Zum Abschluss der Veranstaltung sollte ein großes Feuerwerk stattfinden. Man brauchte nur dem Strom der jungen Leute zu folgen und gelangte immer dorthin, wo etwas los war. Zusammen mit einem Mädchen, dem ich zufällig begegnet war, schloss ich mich der Menge an. Die Nacht war schon angebrochen, als wir vor einem Schuttberg ankamen, höher als die dreistöckigen Wohnblöcke ringsherum. Ein Relikt aus dem Zweiten Weltkrieg, das noch nicht beseitigt worden war. Der Hügel war dicht an dicht von jungen Menschen besetzt. Wir drängten nach oben, setzten uns auf die Reste einer Ziegelmauer. Dabei hielt ich immer noch ihre Hand, obwohl ich nicht einmal ihren Namen kannte. Keine Sekunde dachten wir daran, dass wir auf dem Kriegsmüll unserer Vorfahren saßen.

Das Schauspiel begann. Und als sich endlich die Raketen am nächtlichen Himmel wie Blumen entfalteten, ging das typische Raunen durch die Menge. Ungebeten setzte sich plötzlich ein junger Mann auf die andere Seite meines Mädchens und legte ihr selbstbewusst den Arm um die Schulter. Ich war abgeblitzt, dämmerte mir allmählich. Ganz sacht ließ ich ihre Hand los und suchte auf Zehenspitzen das Weite. Ich blieb noch einmal stehen und betrachtete im Schein des Feuerwerks ihr Gesicht. Es war ebenmäßig, aber eigentlich viel zu erwachsen für mich.

Ich lief zum nächsten S-Bahnhof, wobei mir meine Niederlage nicht aus dem Kopf ging. Auf dem Bahnsteig drängten sich die Jugendlichen zuhauf. In Weißensee sollte einiges los sein, bekam ich nebenbei mit. Um dort hinzukommen, drängten sich alle in die Bahn, darunter auch ich. Am Zielbahnhof stieg ich mit den anderen aus und ließ mich von der Menge treiben. Vom See her wehte Musik und fröhliches Lachen. Unzählige Pärchen gingen

Arm in Arm an mir vorüber und verschwanden in der Dunkelheit des angrenzenden Parks. Neugierig folgte ich ihnen. Bald vernahm ich zwischen den Bäumen ein hundertfaches Flüstern und Gurren. Dort lagen sie in der lauwarmen Sommernacht, höchstens fünf Meter voneinander entfernt, in der Dunkelheit nur als Silhouetten auszumachen. Es war nicht zu überhören, sie liebten sich und trieben es miteinander, je nach Lust und Laune. Das waren Eindrücke vom Deutschlandtreffen eines noch unerfahrenen Jungen aus dem Dorf Zirkow.

12 Zukunftspläne

Mein Vater hatte sich vorgenommen, aus mir einen Beamten zu machen, zumindest aber einen Handwerker. Nach seinen Erfahrungen im Zweiten Weltkrieg und während seiner Gefangenschaft waren das die sichersten Berufe. Ich gab ihm zwar recht, aber bitte alles, nur kein Beamter, das stand für mich fest, obwohl ich überhaupt keine Ahnung von den Aufgaben eines Beamten hatte. Das Akkurate, die Disziplin, die Ordnung, alles tolle Eigenschaften meines Vaters, wollte ich jedenfalls nicht kopieren. Mit zunehmendem Alter, insbesondere während meiner Berufszeit in der Forschung, musste auch ich darauf zurückgreifen. Aber mein Herz gehörte immer der Intuition und der Spontanität.

Handwerk und Technik interessierten mich zwar auch, aber meine Liebe galt der Malerei. Dass aus seinem Sohn ein Künstler werden sollte, wie es meine Lehrer empfohlen hatten, war für ihn undenkbar. Zudem gab es in unserer Verwandtschaft einen Kunstmaler, ein Bruder meiner Mutter. Aus dem sei auch nichts Ordentliches geworden, ließ mein Vater bei jeder Gelegenheit verlauten. Die Bilder, die ich bis dahin gemalt hatte, interessierten ihn nicht. Die musische Ader hatte ich offensichtlich von meiner Mutter, die bis ins hohe Alter heimlich Gedichte schrieb.

Schließlich unternahm mein Vater einen letzten Versuch, um aus mir wenigstens einen Autoschlosser zu machen. Er fuhr mit mir nach Binz, wo er mich einem beleibten Mann vorstellte, dem Inhaber einer Autowerkstatt. Als ich sah, wie der sich mit seiner gewaltigen Körperfülle abmühte, um aus seinem uralten DKW zu steigen, war meine Antwort klar: „Niemals!"

Von seinen schlimmen Erlebnissen in russischer Gefangenschaft, wie beispielsweise der Arbeit im Steinbruch, erzählte mein Vater nur, wenn man ihn darauf ansprach. Meistens kam es dabei zwischen uns zu Kontroversen. Er hatte selbstredend in russischer Gefangenschaft gelitten. Ich hielt ihm die 27 Millionen[6] toten Russen vor, die durch Hitlers Schuld während des Zweiten Weltkriegs ihr Leben verloren hatten. Wir waren in dieser Hinsicht nie einer Meinung. Dennoch, ein Nazi war er nicht. Er hatte sich immer dagegen gewehrt, irgendeiner Partei beizutreten. Als wir noch in Stettin lebten, etwa um 1943, mussten meine Schwester und ich aus dem Wohnzimmer verschwinden, sobald der Vater vom Revier nach Hause kam. Wie ich später erfuhr, legte er dort sein Ohr an den Volksempfänger und hörte Radio London. Das durfte niemand mitbekommen, nicht einmal seine Kinder. Ähnlich gefährlich war in der DDR das Hören von westdeutschen Radiosendern. Seit er aus der Gefangenschaft zurückgekehrt war, hörte er lieber RIAS Berlin, weil er den ostdeutschen Sendern nicht traute.

Ausführlich erzählte er mir, wie er es geschafft hatte, in Sibirien zu überleben.

Weil er handwerklich sehr geschickt war, stellte er all die begehrten Utensilien selbst her, die man in der Gefangenschaft weder für Geld noch durch gute Beziehungen bekommen konnte. Dazu zählten Holzpantoffeln, Kleiderbürsten, Zahnbürsten aus Tierknochen und Pferdehaaren, Zigarettendrehmaschinen aus Messingblech, Zigarettenspitzen, Pfeifen, Kämme, Bilderrahmen und Stopfnadeln. Nur dadurch konnte er die Gefangenschaft in Sibirien überleben, beteuerte er ständig. Warum waren Nähnadeln für die Gefangenen zum Überleben von solch großer Wichtigkeit? Um das zu verstehen, muss man wissen, dass die Gefangenen oft bei 30 Grad unter null in Steinbrüchen gearbeitet haben. Risse in Handschuhen oder dem einzigen wattierten

---

[6] Diese Zahl war mir damals noch nicht bekannt.

Arbeitsanzug mussten sofort zugenäht werden. Andernfalls hätten sie lebensgefährliche Erfrierungen verursacht.

Wie stellt man aber ohne Werkzeug und Maschinen Stopfnadeln mit geschlossenen Ösen her? Lassen wir es meinen Vater selbst erklären. Er hatte noch kurz vor seinem Tod darüber ein kleines Büchlein geschrieben und dieses zusammen mit Utensilien, wie er sie in Russland hergestellt hatte, seinen Nachkommen in einem Holz-Kistchen hinterlassen:

Näh- und Stopfnadeln:

(Authentischer Auszug)

Meine erste Idee in Sibirien war, Näh- und Stopfnadeln zu machen. Wir hatten von den Russen Arbeitskleidung bekommen, die man bestenfalls als Lumpen bezeichnen konnte. Jeder hatte den Wunsch, seinen Anzug in Ordnung zu halten. Aber es gab für Geld und gute Worte keine Näh- und Stopfnadeln zu kaufen. Ich besorgte mir Drähte aus Stahlseilen und schickte mich an, Näh- und Stopfnadeln zu machen. Das eine Ende des Drahtes wurde mit einem Hammer breitgeschlagen. Dann machte ich das geklopfte Ende glühend (mit einer Wachskerze) und bog das Ende zu einem Haken.

Dann habe ich mit einem Eisensägeblatt, was ich vorher dünner geschliffen hatte, eine Öse (einen Schlitz) gesägt. Wieder wurde der Haken glühend gemacht und vorsichtig zurückgebogen. Die Spitze wurde mit einem Schmirgelstein hergestellt.

Jeder war froh, wenn er sich im Winter (ein) Paar Socken oder Handschuhe nähen konnte. Im Winter war es nämlich 30 bis 45 Grad kalt und da war ein Arbeiten ohne Handschuhe nicht möglich.

Für eine Nadel bekam ich eine 3 cm dicke Scheibe Brot. Die hier gezeigten Nadeln habe ich nachgemacht. Die Russen nahmen mir die in Sibirien gemachten Nadeln weg.

Mein Vater hatte noch viele andere technische Ideen, die ihm das Überleben in der Gefangenschaft ermöglichten. Sie faszinierten mich selbst dann noch, als ich mich schon Ingenieur nennen durfte.

13 Schule und Internat

Ich setzte mich schließlich bei meinem Vater durch, die polytechnische Oberschule in Binz zu besuchen. Das war in der DDR als Sohn eines ehemaligen Beamten gar nicht so einfach, selbst wenn der Notendurchschnitt gut war. Im sozialistischen System hatten die Kinder von Arbeitern und Bauern Vorrang. Dass ihnen unabhängig von der Finanzkraft und Bildung ihrer Eltern soziale Gerechtigkeit zuteilwurde, war dem fortschrittlichen Bildungssystem der DDR zu verdanken. Leider geschah das auf Kosten der intellektuellen Schicht.

Durch Interventionen seitens meiner Eltern durfte ich trotzdem die Oberschule besuchen. Meine Mutter hatte mich bei meiner Entscheidung von Anfang an unterstützt. Der wahre Grund war allerdings nicht die Oberschule, sondern Klaus Rehmer aus Süllitz. Ihn hatte ich schon mit vierzehn Jahren beim Kicken kennengelernt. Ein talentierter Fußballer, der bereits in der Jugendmannschaft von Binz spielte. Als er mir erzählte, dass er dort die Oberschule besuchen möchte, war ich Feuer und Flamme und wollte es ihm gleichtun. Meinen Eltern verschwieg ich, dass es mir hauptsächlich darum ging, auch in der Binzer Jugendmannschaft spielen zu dürfen. Die hatte damals einen hervorragenden Ruf. Ich freute mich mehr auf meine Karriere als Fußballer und aufs Internatsleben als auf den Unterricht. Jedenfalls war es eine Zeit, die mich erfüllt hat. Als Sohn einer fürsorglichen Mutter und eines Vaters, der fast alles konnte, war ich zum ersten Mal auf mich allein gestellt. Während sie mich zu diesem Schritt ermunterte, meinte er, er müsse meinen Weg in die Zukunft bestimmen.

Die Schüler erhielten immerhin ein Stipendium von monatlich 60 Ostmark. Das Internat behielt davon 42. Die restlichen 18 bekamen sie als Taschengeld vom Hausmeister ausgezahlt. Ich weiß nicht mehr, wie es die anderen handhaben, aber mein Geld ging an die Eltern, die mir davon etwas abgaben. Sie hatten durch den Krieg alles verloren und mussten sich nach der Flucht auf Rügen eine neue Existenz aufbauen. Erst nachdem mein Vater aus der Gefangenschaft heimgekehrt war, ging es mit uns bergauf. Wie schon erwähnt, er konnte fast alles und nahm jede Arbeit an, vom Hotelportier bis zum Sekretär des Bürgermeisters von Lubkow.

Oberschule und Internat waren in einem Gebäude untergebracht – dem Haus Karin[7]. Es wurde 1876 als erstes Hotel im Dorf Binz gebaut und ist heute noch ein imposantes Bauwerk. Unten befanden sich die Zimmer des Jungeninternats, der Aufenthaltsraum und der Speisesaal, im zweiten und dritten Stock die Klassenräume. Ich hatte Glück und kam in ein Dreibettzimmer zusammen mit Hans Schönemann und Hans-Joachim, dem Klassenbesten, wie sich bald herausstellte. Aber das ließ er nie heraushängen. Manchmal wachte ich zwar morgens durch ein Rascheln auf, wenn er im Geschichtsbuch las. Aber ich blinzelte nur und schlief gelassen weiter.

Um in unser Zimmer zu gelangen, mussten wir durch ein Vorzimmer, in dem vier weitere Mitschüler untergebracht waren. Ein beliebter Treffpunkt, wo es zuweilen hoch her ging. Gelegentlich spielte ich dort etwas zu laut Akkordeon, was uns Beschwerden seitens der Nachbarschaft einbrachte.

Für jene, die den Sport liebten, war Schule eher eine Nebensache, eine Angelegenheit, die man irgendwie hinter sich bringen musste. Ich hätte den Unterricht ernster nehmen sollen, aber das Leben außerhalb war verdammt verführerisch. Keine Frage,

---

[7] Heute heißt es Haus Godewind.

54

Sport und Mädchen waren in dem Alter für einige Jungs wichtiger.

Das Internatsleben war geregelt. Nach dem Unterricht und dem Mittagessen um 14 Uhr begann die Arbeitszeit, die etwa vier Stunden dauerte. Diese Zeit war für die Schularbeiten vorgesehen, in der auch manchmal die Lehrer zur Kontrolle erschienen. Danach durften wir über unsere Freizeit bestimmen und konnten, ohne uns abzumelden, das Internat verlassen. Lediglich um etwa 22 Uhr mussten wir zurück sein.

Im Internatsalltag wurde uns einiges aufgetragen, was sonst selbstlos unsere Mütter erledigt hatten. Selbst die Betten zu machen, war oberstes Gebot. Geschirr abwaschen oder andere Küchendienste waren sporadische Aufgaben. 1955 gab es immer noch Lebensmittelkarten in der DDR. Alle im Internat hatten ihre eigene Butterdose, die vom Küchendienst wöchentlich mit 250 Gramm Butter befüllt wurde.

Während des Essens in der Kantine bahnte sich bei mir eine unerwiderte Liebe zu Rosa an. Die Blondine, stets chic gekleidet, wirkte auf mich sehr attraktiv. Ständig suchte ich ihre Nähe, doch sie würdigte mich keines Blickes. Dabei hätte ich jederzeit eine andere haben können. Aber wie das in dem Alter so ist, abgewiesen zu werden, macht das Erobern erst recht reizvoll. Ich träumte mir allerlei Geschichten zusammen, bis ich erfuhr, dass sie schon lange einen festen Freund hatte. Sie war nur kurze Zeit im Mädcheninternat. Danach kam sie an den Schultagen mit der Kleinbahn von Sellin, wo sie bei ihren Eltern wohnte, wahrscheinlich um ihrem Freund nahe zu sein. Ich sah sie nur noch in den Pausen.

Mein Kummer mit der kühlen Blondine aus Sellin war bald verschmerzt, weil ich Herma entdeckt hatte, ein kleines, schlankes, dunkelhaariges Mädchen mit Silberblick und einem geheimnisvollen Lächeln. Aber dazu später mehr.

Unsere erste Internatsleiterin war schon etwas älter, sie hätte unsere Mutter sein können. So benahm sie sich auch. Sie war immer freundlich, hatte Verständnis für unsere Probleme und ließ die Zügel locker. Sie kontrollierte zwar die Zimmer, aber nur, um uns zu fragen:

„Wie geht es Euch?"

Gelegentlich rügte sie auch die Unordnung. Jedenfalls war unser Internat keine strenge Einrichtung, verglichen mit einigen in Westdeutschland. Dort mussten in katholischen Schulen die Schülerinnen und Schüler noch in Einheitskluft Händchen haltend antreten.

Eines Tages lud unsere Internatsleiterin einige Mädchen und Jungen, denen sie besonders vertraute, zu einem Glas Sekt ein. In einer stillen Ecke des Aufenthaltsraums, in der man uns nicht belauschen konnte, hatte sie einen Tisch gedeckt. Es war spät und die anderen schliefen schon. Nanu, dachten wir, hat sie Geburtstag? Als wir die Sektgläser zum Anstoßen in der Hand hielten, verriet sie uns ihr Geheimnis.

„Ich muss heute von Euch Abschied nehmen – leider für immer."

Abrupt stellten wir unsere Gläser wieder ab. Flüsternd wurde sie deutlicher: „Morgen werde ich in aller Frühe nach Berlin fahren." Wir wussten, wie das ablief, abhauen nannte man das damals. Mit nur einem Koffer, in dem sich das Wichtigste befand, den Frühzug nach Berlin nehmen. Banges Hoffen, nicht kontrolliert zu werden, nicht den Koffer öffnen zu müssen, in Berlin nicht in die falsche S-Bahn einzusteigen und im Westen an der richtigen Station auszusteigen. Erst dann befand man sich auf dem sicheren Boden der BRD. Es gab zwar noch nicht die Mauer, aber es wurde immer strenger kontrolliert, sowohl in den Zügen nach Berlin als auch in den Berliner S-Bahnen.

„Ich möchte mich nicht klammheimlich davonschleichen", sagte sie unter Tränen.

Wir waren gerührt und fühlten uns geehrt ob dieses Vertrauens, das sie uns, den sechzehn bis siebzehnjährigen Jugendlichen, entgegenbrachte. Hätte jemand von uns ihr Vorhaben angezeigt, wäre sie wahrscheinlich verhaftet worden. Aber damals wusste jeder, wem man trauen konnte und wem nicht.

Nur bei einem Schüler an unserer Schule musste man mit Äußerungen vorsichtig sein. Wir wussten auch, warum. Er brauste ständig mit seiner Java-Maschine umher, einem tschechischen Motorrad. Das konnte sich damals kaum jemand leisten, noch weniger ein Auto, es sei denn, der Staat stellte einem für besondere Linientreue eins zur Verfügung. Sein Vater sei bei der Stasi, wurde gemunkelt. Aber allein schon seine Bemerkungen während des Unterrichts verrieten, welche politische Einstellung er hatte. Diesbezüglich hatten die meisten DDR-Bürger einen sensiblen Instinkt entwickelt.

Ohne ein Wort über den Verbleib unserer Internatsleiterin zu verlieren, wurde sie durch eine andere ersetzt.

Die Neue war noch jung, höchstens fünfundzwanzig und hatte ein Kind, das immer auf den Fluren herumkrabbelte, aber augenscheinlich keinen Ehemann. Sie bezog im Mädcheninternat ein Zimmer auf dem Korridor, wo auch die Schülerinnen wohnten. Das Mädcheninternat, eine alte Villa mit Balkonen im Stil der Bäderarchitektur, lag dem Jungeninternat direkt gegenüber, lediglich durch die Bahnhofstraße getrennt. Von nun an mussten wir am Zimmer der Internatsleiterin vorbei, wenn wir die Mädchen besuchen wollten. Da der gegenseitige Besuch strikt verboten war, kam dies aber eher selten vor. Dennoch suchten wir immer wieder nach Schlupflöchern. Klar, das Mädcheninternat war das Ziel unserer Begierde. Doch bei aller Offenheit zwischen den beiden Geschlechtern in der DDR hatte man uns hier einen Riegel vorgeschoben.

Während des Unterrichts saßen Mädchen und Jungen wie selbstverständlich nebeneinander. Und das war in der DDR schon ab dem ersten Schuljahr so, während es in Bayern noch die strikte Trennung der Geschlechter zumindest in den Klosterschulen gab. Also rückständig war man im Osten in dieser Hinsicht nicht.

Die Leiterin wohnte zwar im Mädcheninternat, hielt sich aber viel lieber bei den Jungs auf und besuchte uns öfter, als uns lieb war. Bei einem blieb sie gelegentlich auffallend lange im Zimmer. Wir frotzelten ihn deswegen, aber Konkretes konnten wir nicht herausfinden. Wie dem auch sei, eine junge alleinstehende Frau mit einem Kind – sein Vater hatte sich, so vermuteten wir, aus dem Staub gemacht – unter lauter knackigen jungen Männern. Ich kann sie rückblickend gut verstehen.

Ihren Geburtstag wollte sie nicht alleine feiern, deshalb lud sie alle Jungs und Mädchen aus dem Internat zu einem Umtrunk ins Restaurant am Kleinbahnhof ein. Es war schon dunkel, als wir uns vor dem Internat versammelten, um gemeinsam loszugehen. Bei Temperaturen von gefühlten fünfzehn Grad unter null standen wir bibbernd herum, bis alle beisammen waren. Herma, die kleine Zierliche mit dem Silberblick, war auch dabei. Wir hatten uns ineinander verguckt, nachdem ich bei der Blonden abgeblitzt war. Himmlische Hormone weckten in uns das Verlangen, allein sein zu wollen. Kurz nachdem die Gruppe losmarschiert war, gingen wir unter einem Vorwand noch einmal zum Internat zurück. Doch die Türen waren verschlossen und wir wussten nichts miteinander anzufangen. So drückten wir uns in eine

Mauernische und umklammerten einander wie Ertrinkende. Von wegen Minustemperaturen, unsere Körper glühten. Die Hände suchten nach heißen Stellen. Die Lippen fanden zueinander und trotzdem gefror der Speichel nicht. Der Rausch der Gefühle ließ uns ahnen, was es alles noch zu entdecken gab. Schließlich siegte die Vernunft und wir folgten Hand in Hand den anderen. Im Restaurant wurden wir feixend mit wissenden Blicken empfangen.

Wer mit der Internatsleiterin etwas besprechen wollte, durfte ausnahmsweise das Mädcheninternat betreten. An geeigneten Themen fehlte es uns nie. So klopfte ich eines Tages an ihrer Tür. Die Internatsleiterin bat mich ins Zimmer, wo ihr Kind auf dem Boden spielte.

Noch bevor ich mein Anliegen loswerden konnte, sagte sie:

„Du bist doch Fußballer!"

Ich nickte wortlos.

„Dann verstehst Du bestimmt etwas von Knien – meins tut manchmal so weh."

Ohne meine Antwort abzuwarten, stellte sie ihren Fuß auf einen Schemel, zog den Rock mehr als nötig hoch, deutete auf ihr Knie und forderte mich auf, es abzutasten. Ich ging in die Hocke und drückte vorsichtig mal hier mal da, fand aber keine Schwellung.

„Höher", sagte sie etwas leiser.

Bei mir schrillten alle Alarmglocken. Schließlich hatte ich noch keine Erfahrung mit diesen Dingen. Dennoch ahnte ich, was sie von mir wollte. Aber mit der Internatsleiterin, das konnte ich mir nicht einmal in meinen kühnsten Fantasien vorstellen, obwohl sie ganz passabel aussah und nicht viel älter war als ich. Ich hatte ehrlich gesagt Schiss. Meine Herma war viel reizvoller. Ich weiß nicht mehr, wie ich mich damals aus der Affäre gezogen habe. Irgendwie war es mir aber gelungen, mich unter Vorwänden zu verabschieden.

Immer mehr Mädchen kamen aus den Randgebieten Rügens zur Oberschule nach Binz, wodurch das Mädcheninternat aus allen Nähten platzte. Deshalb quartierte man vorübergehend einige Mädchen im Dachgeschoss unseres Internats ein, dem Haus Karin. Dadurch ergaben sich ungeahnte Möglichkeiten, zu den Mädchen zu schleichen, was streng verboten war. Die Internatsleiterin hielt sich nun öfter bei uns auf, nicht nur wegen der Mädchen im Dachgeschoss. Auch einige Jungen besuchte sie immer noch gern. Mir ging sie nach der missglückten Kniediagnose aus dem Weg.

Mutti, so nannten wir unsere kräftige, sportliche Mitschülerin, die immer im Tor stand, wenn die Jungs auf dem Sportplatz kickten. Insofern waren wir, was die Gleichstellung von Männern und Frauen anging, unserer Zeit schon weit voraus. Mutti war auch ins Dachgeschoss des Jungeninternats einquartiert worden. Als ich hörte, dass sie krank im Bett lag, schlich ich mich nach oben in ihr Zimmer, um sie einmal zu besuchen. Das war möglich, ohne gesehen zu werden, weil es außer der Haupttreppe noch eine kleine Wendeltreppe gab. Sie freute sich und wir unterhielten uns freundschaftlich. Hoffentlich kommt die Internatsleiterin nicht auch auf die Idee, Mutti zu besuchen, ging mir durch den Kopf. Wenn sie tatsächlich vorbeikommen sollte, würde mich ihr Kind schon frühzeitig warnen, beruhigte ich mich.

Mir war klar, falls sie mich hier erwischen sollte, müsste ich mit einer Abmahnung rechnen, unter Umständen sogar mit einem Verweis vom Internat.

Nicht lange und ich vernahm das Geplapper ihres Kindes auf dem Flur. Zur Flucht war es zu spät. Noch bevor es an der Tür klopfte, war ich mit einem Satz unterm Bett verschwunden, das aus einem weißen Stahlgestänge bestand, ähnlich denen in Krankenhäusern. Mutti war nicht nur Torfrau, sondern auch Turnerin und hatte ausgerechnet darunter ihre Ringe gelagert. Auf diesem Stapel lag ich nun bäuchlings reglos und gab mir Mühe, geräuschlos zu atmen. Gott sei Dank unterhielten sich die beiden angeregt über ein Buch von Robert Koch, das die Leiterin auf Muttis Nachtkästchen entdeckt hatte.

Durch die kleinste Bewegung wäre der Stapel in sich zusammengekracht. Das Kind konnte schon laufen und ich beobachtete ängstlich seine schnellen Beinchen. Hätte es sich nur einmal gebückt, wäre ein „Mama, guck mal ein Mann" unausbleiblich gewesen. Die Leiterin saß auf dem Bettrand und so konnte ich mir ihre schlanken Fesseln genauer betrachten. Durchaus ansehnlich, musste ich mir eingestehen. Aber ich dachte auch, hoffentlich haut das Biest bald ab. Doch sie schwatzte endlos weiter. Meine Beine und Arme begannen allmählich zu kribbeln und ich überlegte, ob ich mich nicht bemerkbar machen sollte. Außerdem hatte ich Angst einzuschlafen oder versehentlich einen Pups zu lassen.

Mindestens eine halbe Stunde war vergangen, als sie sich endlich mit ihrem Kind von Mutti verabschiedete. Seitdem hasse ich Betten aus weißem Stahlgestänge. Glücklicherweise hat sie mich nicht entdeckt, andernfalls hätte sie sich gerächt, nicht zuletzt, weil ich sie mit dem Befummeln ihres Knies brüskiert hatte.

Dass die Internatsleiterin eines Tages nach Bergen gefahren war und erst spät zurückkommen würde, verbreitete sich unter den Mitschülern wie ein Lauffeuer. Eine willkommene Gelegenheit, die jungen Damen gegenüber zu besuchen. Die meisten Jungs hatten noch keine intimen Verhältnisse zum anderen Geschlecht. Und falls doch, waren diese harmlos und bestanden vorzugsweise zu fremden Wesen, mit denen man im Unterricht nicht täglich zusammen war. Zu den Schönen aus der eigenen Klasse waren die Beziehungen zumeist rein freundschaftlich. Die weibliche Jugend war von ihren Eltern aufgeklärt worden, Küssen war zwar erlaubt, bis die Lippen wehtaten, dann war aber auch Schluss. Zu Recht, wie ich erst viel später begriff.

Die Antibabypille war noch nicht erfunden und den Kondomen in der DDR konnte man auch nicht trauen.

Mir fallen dabei die Erntehelferinnen aus Sachsen ein, die während der großen Ferien den Bauern in Nistelitz und anderswo bei der Getreideernte halfen. Die Ernte musste auf manchen Bauernhöfen aus Mangel an Erntemaschinen wie in alten Zeiten eingefahren werden. Die großen landwirtschaftlichen Produktionsgenossenschaften, die sogenannten LPGs, gab es noch nicht flächendeckend. Das gemähte Getreide wurde von Hand zu Garben gebunden und auf dem Feld zu Hocken aufgestellt, damit es trocknen konnte. Erst dann wurde es auf Leiterwagen verladen und in Scheunen gefahren, wo das Korn aus dem Stroh gedroschen wurde. Ehemalige Mitschüler aus Nistelitz erzählten mir, dass mehrere junge Damen schwanger nach Hause fuhren. Für die jungen Leute oft ein vorzeitiges Ende der Jugend und der beruflichen Karriere.

Mein Sportfreund Klaus wohnte nicht im Internat. Er wohnte bei seinen Eltern in Süllitz und fuhr die drei Kilometer mit dem Fahrrad zur Schule. Wir saßen beide in der letzten Reihe und waren mit unseren Gedanken oft nicht bei der Sache. Um gute Noten zu bekommen, reichte es aber allemal. Das Leben außerhalb der Schule genossen wir umso mehr. Nur eine kleine Geste von Liebe: Seine Mutter gab ihm für mich immer ein Pausenbrot mit. Ich sah das damals als Selbstverständlichkeit an, aber heute bin ich erwachsen und sage im Nachhinein danke.

Um sich auszutoben und das Leben zu genießen, verbrachte die DDR-Jugend ihre Freizeit hauptsächlich mit Sport, Liebesbeziehungen und der Pflege von Freundschaften. Alles zum Nulltarif. Manches Begehren war jedoch verboten, nicht im Angebot oder kostete viel Geld. Vieles, was man hören, sehen und lesen wollte, stand auf dem Index des politischen Systems. Es gab keine Diskotheken. Musik, Zeitungen und Literatur aus dem Westen waren verboten. Wir hatten kein Geld, um uns etwas Besonderes zu leisten. Fürs Kino brauchte man zwar nur 50 Pfennige zu opfern, aber die meisten Filme waren politisch im Sinne der SED gestrickt. Ich erinnere mich an DDR-Filme nach dem Vorbild russischer Monumentalfilme, die stereotyp fröhlich singende Frauen bei der Arbeit in Fabriken und auf Feldern zeigten. Nur noch solche Filme anzusehen, verspürte ich keine Lust. Ab und zu wurden auch Produktionen aus dem Westen gezeigt. Als der Film „Wenn der weiße Flieder wieder blüht" lief, waren die Kinos voll. Alle Jungs waren damals in Romy Schneider verliebt.

Telefone hatten nur wenige in der Wohnung. Meine Eltern hatten keins. Die einzige Möglichkeit zu kommunizieren waren Absprachen und postalische Nachrichten. Wenn es dringend war, ging man zur Post und schickte ein Telegramm. Oft standen Onkel und Tante unerwartet vor der Tür meiner Eltern und sagten: „Hier sind wir".

Ein kurzer Schreck meiner Mutter, dann überwog aber die Freude und sie sagte:

„Kommt herein."

Wer glaubt, wir hätten unter dem Mangel an technischen Möglichkeiten der Kommunikation gelitten, der irrt. Alle hatten sich damit hervorragend arrangiert. Die mündliche Information funktionierte einwandfrei. Wenn irgendetwas passiert war, worüber die Presse nicht berichten durfte, verbreitete sich das trotzdem rasend schnell von Mund zu Mund. Natürlich wurden solche Informationen dabei ergänzt, verfälscht oder missverstanden. Aber da sie aus vielen Quellen auf einen einströmten, ließ sich der Kern der Wahrheit immer herausfiltern.

Den Mangel an Kommunikationstechnik mussten wir durch Scharfsinn kompensieren. Aber wie funktionierte das? Wenn ich beispielsweise im Dorf meine Freunde nicht finden konnte, wurde bei mir so etwas wie ein sechster Sinn aktiviert. Ich brauchte nicht logisch zu überlegen, wo sie sein könnten. Mein Bauchgefühl signalisierte mir, bei Regen trafen sie sich gewöhnlich in der Scheune, bei schönem Wetter im Wald und wenn es heiß war in der Kiesgrube beim Baden. So etwa, ergänzt durch aufgeschnappte Bemerkungen meiner Freunde, fand ich sie meistens. So gut wie Buschmenschen, die einem Grashalm ansehen, ob ihn ein Mensch oder ein Tier umgeknickt hat, waren wir allerdings nicht.

Meine Eltern wussten, dass ich nach Schulschluss am Samstag nach Hause kommen würde. Mir blieb auch nichts anderes übrig, weil im Internat die Kantine geschlossen war. So fuhr ich an den Wochenenden auf dem kürzesten Weg immer nach Zirkow. In der Nähe des Internats begann ein schmaler Schleichweg entlang des Schmachter Sees, der mit dem Fahrrad meine volle Konzentration erforderte, um den Schlangen auszuweichen, die sich dort sonnten. Dann führte der Pfad neben den Gleisen der Kleinbahn weiter bis Serams. Wenn mir der Rasende Roland entgegenkam, musste ich absteigen. Wenn er von hinten kam, bestand keine Gefahr, weil ich mit dem Fahrrad schneller war. Schließlich ging es durch Pantow und auf der Chaussee weiter bis nach Zirkow.

Wie so oft holte mich mein Sportfreund Klaus Rehmer im Haus Karin zum Fußballspielen ab. Zum Sportplatz war es nicht weit und dort war immer etwas los. Ich war mit Klaus allein im Zimmer und spürte, dass er mir etwas anvertrauen wollte. Aha, dachte ich, es dreht sich um seine neue Liebe, ein Mädchen aus dem Ort. Er musste etwas loswerden, das ihn sehr aufgewühlt hatte. Dann erzählte er mir von seiner Beziehung. Derartige Offenheit unter Freunden gibt es nur in der Jugend, im Alter wird man zunehmend reservierter. Solche Themen mit den Eltern zu besprechen, entsprach nicht dem Stil der Zeit. Für mich war sein Vertrauen aber ein Beweis unserer Freundschaft. Die Prahlerei der anderen Fußballer über angebliche Erfahrungen mit ihren Liebschaften durfte man ohnehin nicht so ernst nehmen.

Zurück zu dem Tag, als unsere Aufpasserin einmal außer Haus war und wir die Gelegenheit ausnutzten, um die jungen Damen gegenüber zu besuchen. Je mehr Jungs und Mädchen zusammen waren, desto anständiger verhielten wir uns. Wir spielten artig Karten und unterhielten uns über dies und jenes. Es war schon dunkel und die ersten Mädchen verschwanden in ihren Zimmern – allein, versteht sich. Plötzlich hörten wir vom Eingang her unsere Leiterin, vor allem das plappernde Kind. Die Jungs, die geblieben waren, konnten jetzt nicht mehr unbemerkt das Haus verlassen. Der Fluchtweg war uns abgeschnitten. Sie bemerkte sofort, dass etwas nicht stimmte, und rief:

„Kommt mal alle her." Ich hatte mich unterm Bett von Herma verkrochen. Die anderen hatten sich auch irgendwo unsichtbar gemacht. Die Leiterin ging von Zimmer zu Zimmer und rief immer dasselbe:

„Kommt sofort raus." Damit meinte sie jene, die sich irgendwo versteckt hatten. Ich hatte im Verstecken unter Betten schon Routine und rührte mich nicht von der Stelle in der Hoffnung, sie hätte nur geblufft. Ich verhielt mich still, bis es im Haus endlich ruhig wurde. Nur das Rascheln der Kleider von Herma war zu hören, die sich auszog und ins Nachthemd schlüpfte. Sie hatte sich auf die Bettkante gesetzt. Dicht vor meinen Augen betrachtete ich ihre wohlgeformten Waden. Zu gerne hätte ich sie gestreichelt. Aber das hätte bei Herma einen Schrei ausgelöst, und alle wären herbeigeeilt. Offenbar war Herma in dem Trubel entgangen, dass ich mich unter ihrem Bett versteckt hatte. Sie glaubte, ich hätte längst zusammen mit den andern das Mädcheninternat verlassen. Ich überlegte fieberhaft, wie ich diese Zwickmühle lösen könnte. Mittlerweile war es im Internat mäuschenstill. Ich räusperte mich so leise wie möglich. Herma sprang entsetzt hoch, ihr Schrei war Gott sei Dank verhalten. Wir setzten uns dicht nebeneinander auf die Bettkante. Am liebsten wäre ich mit ihr unter die Bettdecke geschlüpft und bis zum Morgengrauen geblieben. Nicht zu fassen, dass mir in dieser prekären Situation solche Fantasien durch den Kopf gingen. Immerhin küssten wir uns, wobei sie vor Angst zitterte.

Wir warteten noch ein Weilchen und schlichen uns dann die Stufen bis zur Haustür hinunter. Herma schloss hinter mir die Tür wieder zu. Ich brauchte nur noch die Straße zu überqueren und ans Fenster meiner Mitbewohner zu klopfen. Jemand öffnete es mürrisch und ließ mich einsteigen. Ein Glück, dass unser Zimmerfenster gleich neben der Treppe zum Eingangsportal lag. Noch einmal gut gegangen.

Nach einigen Wochen war mein Verhältnis zu Herma abgekühlt. Bei ihr jedoch nicht. Ich sehe sie noch heute in der Pause mit Tränen in den Augen auf dem Schulhof. Um sie herum viele, die sie zu trösten versuchten, darunter mein Freund Klaus. Er war es auch, der mir den Kopf wusch, wieso ich Herma auf einmal derart abrupt links liegen ließ. Damals war mir nicht klar, warum ich mich so verhielt. Rückblickend schäme ich mich dafür.

Erst viel später habe ich mein Verhalten durchschaut. Wie schon erwähnt, ich hatte eine liebevolle Mutter, die sich für meine Schwester und mich total aufopferte. Bis mein Vater 1950 aus russischer Gefangenschaft zurückkam, hat sie dafür gesorgt, dass wir die Zeit nach Kriegsende überhaupt überleben konnten.

Mehrere Jahre lang stand sie allein mit uns da und wusste nicht, ob ihr Mann noch lebte. In dieser Zeit hat sie sich insbesondere an mich geklammert. Sie hat mir jedenfalls jeden Wunsch von den Lippen abgelesen. Wenn ich etwas reparieren wollte, sagte sie immer, wart' mal ab, bis Papa da ist. Wie dem auch gewesen sein mag, diese Fürsorge habe ich damals als lästig empfunden und war froh, als ich endlich im Internat war. Ich reagierte auf alles allergisch, was mir meine Eigenständigkeit hätte nehmen können, nicht zuletzt, weil ich ein dreiviertel Jahr in einem Kindersanatorium zubringen musste. Meine Psyche hatte dort gelitten. Aber was hat das alles mit Herma zu tun? Sie wollte eine innige Liebesbeziehung mit Treueschwüren bis zum Lebensende, dachte ich. Ich dagegen sah in unserer Beziehung eher eine süße Romanze. Als ich Hermas Gefühle durchschaute, zog ich mich zurück. Ich wollte noch nicht in eine enge Beziehung geraten, die mir meine neu gewonnene Freiheit nehmen würde.

Bis hier habe ich nur über das Internatsleben berichtet und nicht über die Lehrer und den Unterricht. Natürlich, es gab sie, die Herren Albien, Stier, Schulz, Woltmann und viele andere. In der jungen DDR waren Lehrkräfte, die im sozialistischen System ausgebildet wurden, noch rar. So mussten einige weiter unterrichten, die schon im Dritten Reich Lehrer waren. Außerdem waren viele im Krieg gefallen. Auf der Grundschule in Zirkow hatten wir einen ehemaligen Offizier der deutschen Wehrmacht als Klassenlehrer, der aus meiner heutigen Sicht nicht schlecht war. Viele Junglehrer wurden im Schnellverfahren ausgebildet. Auch meine Schwester studierte zwei Jahre am Diesterweg-Institut für Lehrerbildung in Putbus und hat anschließend im Dorf Karow auf Rügen Grundschüler unterrichtet. Nach zwei Lehramtsprüfungen wurde sie dort als reguläre Lehrerin tätig. Auch einige unserer Lehrer an der Oberschule in Binz waren mit diesem

Schnellverfahren ausgebildet worden. Soweit ich das beurteilen kann, waren sie zwar jung, aber nahmen den Lehrerberuf sehr ernst. Einige waren nicht wesentlich älter als wir, einen durften wir sogar duzen.

Ich erinnere mich noch an einen Lehrer der alten Schule. Er hieß Stier und unterrichtete uns in Mathematik und Kunsterziehung. Ich weiß nicht, ob er jemals Kunst studiert hatte, jedenfalls war er ein großer Kunstliebhaber und Kunstkenner. Gelegentlich erzählte er uns von den berühmten Künstlern, die er vor und während des Kriegs in seinem Haus beherbergt hat.

Für meine Arbeiten bekam ich stets die Note Eins, manchmal sogar ein „Ausgezeichnet". Oft musste ich noch vor der Kunststunde für meine Freunde auf die Schnelle Zeichnungen verbessern oder anfertigen, bevor sie von Herrn Stier eingesammelt wurden. Der erkannte selbstverständlich sofort meinen Stil und benotete solche Arbeiten schmunzelnd mit einer Vier. Das brachte meine Freunde in Rage, die meinten, er würde mich bevorzugen.

Einmal bat mich Herr Stier, meine Freizeitarbeiten mitzubringen. Davon wählte er einige für eine Ausstellung in Putbus, der damaligen Kreisstadt, aus. Ich erinnerte mich erst wieder im Gespräch mit Hans-Joachim daran. Dass ich das vergessen hatte, ist symptomatisch dafür, dass mir die Kunst damals nicht so wichtig war. Ich hatte künstlerisches Talent, das hatten mir schon die Lehrer und andere während der Grundschulzeit bescheinigt. Herr Stier sprach auch mit meinen Eltern darüber, weil er mir den Weg zu einem Kunststudium ebnen wollte. Selbst merkte ich von meinen Fähigkeiten aber kaum etwas. Ich dachte, das sei normal. Sein Lob spornte mich auch an. Dennoch malte ich an der Oberschule weniger als in der Grundschule, denn Sport und Mädchen waren im Alter zwischen fünfzehn und achtzehn interessanter. Punkt!

Der Unterricht und der Lehrstoff waren in der DDR anspruchsvoll. Schon in der Grundschule wurden wir in Chemie, Physik, Biologie und Algebra unterrichtet. Weil es noch nicht genügend Russischlehrer gab, hatten wir in Zirkow ausnahmsweise Englisch statt Russisch. Erst an der Oberschule wurde Russisch als Fremdsprache Pflicht. Die meisten aus unserer Klasse akzeptierten das nur widerwillig, weil uns diese Sprache von ganz oben aufgezwungen worden war. Ein Wahlrecht für Fremdsprachen gab es nicht.

Als ich später in der Bundesrepublik mit Gymnasiasten in Kontakt kam, merkte ich, dass ich ihnen in den naturwissenschaftlichen Fächern überlegen war. Lediglich in Geschichte und Literatur hatte man uns in der DDR ein verzerrtes Bild vermittelt. Der Schwerpunkt lag überwiegend auf Bauernkriege, Arbeiteraufstände, Revolutionen und deren Helden. In der Literatur standen zwar Goethe, Schiller und Lessing auf dem Lehrplan, aber hauptsächlich deren Gedichte und Dramen mit revolutionärem Inhalt. Selbstverständlich wurde uns auch die griechische und römische Geschichte vermittelt.

Als uns eines Tages die Deutschlehrerin aufgab, ein Gedicht von Erich Weinert auswendig zu lernen, wurde ich rebellisch. Ich sollte etwas in mein Gehirn pressen lassen, das durch den Lehrplan der DDR vorgegeben war: „John Scher und Genossen".[8] Darin ging es um vier Kommunisten – darunter John Schehr –, die von der Gestapo[9] in einen Wald getrieben worden waren, um sie zu erschießen.

---

[8] Gedicht siehe Anhang.
[9] Geheime Staatspolizei der Nazis.

An dieser Stelle muss ich meinen Schulfreund Hans-Joachim zitieren, denn ich konnte mich an den folgenden Vorfall nur noch vage erinnern:

Ich sagte angeblich zu meinen Mitschülern im Internat: „Das lerne ich nicht, weil es gegen meinen Vater gerichtet ist." Als mich die Deutschlehrerin aufforderte, das Gedicht aufzusagen, dichtete ich aus dem Stegreif: „Zehn Kommunisten liefen in den Wald".

Sie unterbrach mein Gestammel und sagte: „Eberhard, Sie haben das Gedicht nicht gelernt!"

Ich: „Nein, ich kann das nicht!"

Darauf sagte sie kein Wort mehr. Warum sie schwieg, kann ich mir bis heute nicht erklären.

Mich berührte die Geschichte umso mehr, als mein Vater weder bei der Gestapo noch in irgendeiner Partei war. Mich ärgerte, dass man leichtfertig verallgemeinerte, indem man die reguläre Polizei mit der Gestapo in einen Topf warf.

Mein Vater, der während des Kriegs heimlich Radio London hörte, weil er der Propaganda von Goebbels nicht traute, der ohne Erlaubnis seine Dienststelle verließ, um seine Familie vor der heranrückenden Roten Armee zu retten, trotz des Risikos, als Deserteur erschossen zu werden, der meiner Schwester verbot, dem BDM[10] beizutreten, war kein Nazi. Es war allein mein Fehler, indem ich ablehnte, ein Gedicht zu lernen, das ich nur flüchtig gelesen hatte und das meinen Vater, den Diensthundeführer bei der Polizei, überhaupt nicht betraf.

Es gab auch das Fach Gegenwartskunde. Einmal in der Woche erklärte uns der Lehrer beispielsweise die Struktur der

---

[10] Bund Deutscher Mädel.

Volkskammer und die Vorzüge des Sozialismus gegenüber dem Kapitalismus, dessen Zusammenbruch nur noch eine Frage der Zeit sei. Die Gräueltaten der westlichen Aggressoren und Imperialisten sowie die Ausbeutung durch Kapitalisten wurden herausgestellt.

Mit unserem Klassenlehrer Herrn Albien, konnte man am ehesten über die Unterschiede von hüben und drüben diskutieren. Solche Diskussionen endeten oft mit der Frage von Schülern:

„Warum gibt es im Westen alles zu kaufen und im Osten nicht?"

Herr Albien hörte immer geduldig zu. Wenn er etwas nicht beantworten konnte, huschte nur ein mildes Lächeln über sein Gesicht.

Am Lehrerbildungsinstitut hatte er Slawistik studiert, weshalb er auch unser Russischlehrer war. Weil er vorher mehrere Jahre in den Buna-Werken gearbeitet hatte, kannte er die Praxis und konnte deshalb die ökonomischen Zwänge plausibel erklären: Das Gebiet der DDR war im Vergleich zur BRD schon immer ein Agrarland. Die wenigen Industriewerke litten nach dem Zweiten Weltkrieg unter den Reparationsleistungen an die Sowjetunion. Sogar die Bahngleise zwischen Binz bis Lietzow wurden herausgerissen und als wertvoller Stahl in Richtung Osten abtransportiert. Viele Facharbeiter schwächten die Wirtschaft, indem sie die DDR verließen.

Wenn ich heute – ich lebe seit 1956 in der Bundesrepublik – das Thema politischer Drill in der DDR mit Freunden und Bekannten diskutiere, sind sie oft der Meinung, man hätte die Jugendlichen in dieser Hinsicht einer Gehirnwäsche unterzogen.

Ich weiß nicht, wie sich die DDR danach entwickelt hat, aber in meiner Zeit konnte davon keine Rede sein. Außer in der einen Stunde Gegenwartskunde pro Woche wurde über Politik nur wenig gesprochen. Ab und zu wurden wir gebeten, zum 1. Mai am Umzug teilzunehmen. Aber auch das haben die meisten ignoriert.

14 Am Rande

Selbstverständlich hingen in der DDR an jeder Ecke Plakate mit den Machthabern der Sowjetunion und der DDR. Und die Errungenschaften bei der Erfüllung der Planwirtschaft wurden immer stolz hervorgehoben.

Die DDR-Zeitungen lasen die Bürger stets von hinten, weil sie schon wussten, was vorne stand. Viel wichtiger war den Menschen damals, zu erfahren, was nicht gedruckt wurde. Solche Informationen erhielt man von westdeutschen Radiosendern oder vom Hören und Sagen.

Viele Informationen drangen auch durch die Wochenendurlauber aus Westberlin bis nach Rügen. Noch strahlte Binz im Glanz der alten Bäderarchitektur, weil sich die meisten Hotels und Villen in Privatbesitz befanden und liebevoll gepflegt wurden. Die Westberliner kamen deshalb gerne an die Ostsee, um in den Seebädern ihren Urlaub oder das Wochenende zu verbringen. Die Strecke von Berlin nach Binz ließ sich mit dem Auto in wenigen Stunden schaffen. Für die damalige Zeit herrschte auf den Straßen zu den Seebädern im Sommer viel Verkehr.

Einmal war ich schuldhaft an einem Unfall mit einer Limousine aus Westberlin beteiligt. Mein Vater hatte nach seiner Rückkehr aus der Gefangenschaft sogleich damit begonnen, mir ein Fahrrad aus alten Teilen zusammenzubauen. Es sollte eine Überraschung für mich werden. Er schloss sich wochenlang in der Werkstatt ein, bis er mir freudestrahlend das wie neu lackierte Fahrrad präsentierte. Wie 1950, als er aus der Gefangenschaft kam und ich ihn Freude mimend umarmte, heuchelte ich auch jetzt Begeisterung. Ich wusste längst, das brauchte er. Innerlich kochte ich aber. Kein einziges Mal hatte er mich nach meinen Wünschen gefragt, nicht einmal, welche Farbe es bekommen sollte. Dass ich schon lange meine Fahrräder selbst zusammengebaut hatte, bevor er aus der Gefangenschaft heimgekehrt war, interessierte ihn nicht.

Ich durfte damit schließlich Probefahrten unternehmen. Am Pantower Berg am Ortsende von Zirkow ließ ich mich von einem Schlepper hochziehen, indem ich mich an seinem Anhänger festhielt. So hatten wir es oft gemacht, als die Straße noch fast autofrei war. Oben angekommen scherte ich aus, um zu wenden oder um den langsamen Schlepper zu überholen, genau weiß ich das nicht mehr. Mit einem Schlag stand ich ohne Fahrrad auf der Straße. Verdutzt sah ich einer schnellen Limousine hinterher, die mir das Rad unterm Hintern weg katapultiert hatte. Mein neues Fahrrad lag verbogen etwa 20 Meter weiter auf der Straße. Der Schlepper tuckerte unbeirrt weiter. Nach etwa 100 Metern hielt die Limousine an. Ein Mann stieg aus seinem BMW V8, wie ich am Design erkannte. Langsam kam er auf mich zu. Als er sah, dass ich nicht verletzt war und mit dem kaputten Fahrrad auf den Schultern weglief, setzte er seine Fahrt fort. Verdammt großes Glück gehabt.

In Binz flanierten zu der Zeit auf der Strandpromenade noch elegant gekleidete Menschen. Allein schon wegen ihres Äußeren fielen sie auf. Es kam einem vor, als sei man im Westen. Darunter waren zahlreiche Urlauber aus den Betriebsheimen der volkseigenen Werke. Wir Jungs liefen normalerweise nur im Sportdress durch den Badeort, weil wir uns ohnehin den ganzen Tag sportlich betätigten. Sportkleidung und Sportschuhe erhielten wir günstig von den Sportvereinen. Als ein Konzert mit Kurt Edelhagen im Saal des Kurhauses stattfinden sollte, war das eine Sensation, denn westliche Musik war ansonsten verboten. Doch genau die wollten wir vor Ort miterleben. Leider war schon alles ausgebucht. Kein Problem, wir wussten, wie wir trotzdem hineinkommen würden. Im Trainingsanzug hätten wir keine Chance gehabt. Für einen solchen Anlass holten wir unser bestes Stück, die lange Hose, unter der Matratze hervor, wo sie immer perfekt gebügelt wurde. Wir stylten uns so modern wie möglich und schlichen durch den Hintereingang ins Kurhaus. Darin hatten wir schon einige Erfahrung. Vor allem beherrschten wir die selbstbewusste Körpersprache, um in dem Gedränge nicht aufzufallen.

15 Sport

Im Sommer gehörte Baden in der Ostsee zu unserem Freizeit-spaß, genauso wie Volleyball spielen und Kicken am Strand. Zur Entspannung konnte man abends im Internat noch Tischtennis spielen.

Als ich noch in Zirkow wohnte, lag das Badeparadies der ge-samten Dorfjugend direkt vor der Haustür, ein Baggersee auf dem Gelände eines ehemaligen großen Kieswerkes. Es war ent-standen, während die Nationalsozialisten das KdF-Bad[11] in Prora bauen ließen. Für die 4,5 Kilometer lange Ferienanlage, in der gleichzeitig zwanzigtausend Menschen ihren Urlaub verbringen sollten, wurden Unmengen von Kies benötigt. Nach Beginn des Zweiten Weltkrieges wurden die Bauarbeiten eingestellt und das Kieswerk stillgelegt. Mit der Zeit war dort ein kleiner Baggersee entstanden, den wir schlicht Kiesgrube nannten. Anfänglich konnte man bis zum Grund sehen, später wuchs dort ein schmaler Schilfgürtel. Es siedelten sich Frösche, Ringelnattern und Blut-egel an. In den Sommermonaten trafen sich dort die Kinder, etwa zwischen acht und achtzehn Jahren, um zu baden, nackt, versteht sich. Einerseits konnten sich damals die meisten keine Badeho-sen leisten, andererseits war es ohne viel angenehmer. Es war herrlich, ohne einen nassen Stofffetzen nackt in der Sonne um-herzulaufen. Mädchen und Jungs badeten gemeinsam. Obwohl wir neugierig aufeinander waren, spielten sexuelle Gelüste kaum eine Rolle. Die beiden Geschlechter betrachteten sich zwar ein-gehend, denn zu Hause hatten viele Kinder weder Eltern noch Geschwister jemals nackt gesehen. Aber das war's dann auch. Außerdem hatte man garantiert Blutegel am Körper, was nicht gerade hübsch aussah. Einige zogen sich die schwarzen Sauger

---

[11] Kraft-durch-Freude-Bad.

gegenseitig ab, andere ließen sie gewähren, bis sie von selbst abfielen.

FKK-Strände gab es in Binz schon lange, jeweils etwas abseits des offiziellen Strandes. Aber diese machten uns nicht mehr neugierig. Dort trafen sich damals wie heute die Sonnenanbeter, in unseren noch jungen Augen eher ältere Menschen. Es war zwar nicht verboten, angezogen vorbeizuwandern, wer jedoch genau hinschaute, wurde verjagt.

Leichtathletik während der Sportstunden und während diverser Turniere zählte auch zu unseren sportlichen Aktivitäten. Tischtennis wurde zum Vergnügen fast täglich gespielt. Bei mir stand allerdings Fußball ganz oben. Sport spielte in der DDR eine große Rolle und wurde großzügig gefördert. Einerseits war er ein Aushängeschild für den sozialistischen Staat. Andererseits bot er den Akteuren selbst eine Möglichkeit, Karriere zu machen und weit herumzukommen, sogar ins Ausland. Vom Doping einiger DDR-Sportler erfuhr ich erst viel später in der Bundesrepublik. Wahrscheinlich wurde in der jungen DDR damals noch nicht gedopt und falls doch, allenfalls unter Spitzensportlern. Unser Fußballverein in Binz hatte damit nichts zu tun.

Für mich war der Fußball wie eine Droge. Er verschaffte mir eine gewisse Freiheit, wenn auch nur auf dem Rasen. Sobald ich aus irgendwelchen Gründen nicht mitspielen konnte, litt ich unter Entzugserscheinungen. Die Lust, den Körper mit all seinen komplexen Bewegungsabläufen zu beherrschen, war für uns die eigentliche Motivation, Fußball zu spielen. Hinter dem spielerischen Bewegungsdrang von Kindern steckt auch nichts anderes. Außerdem faszinierte uns das Rollenspiel in einer Gruppe, die nur ein Ziel hatte, nämlich gemeinsam möglichst viele Tore zu schießen.

Der Sport zog uns noch aus anderen Gründen magisch an. Es gab klare Regeln, denen man sich freiwillig unterwarf, weil sie fair waren, im Gegensatz zu jenen, die uns das politische System diktiert hatte. Unsere Binzer Fußballmannschaft spielte ab 1955 in der A-Jugend, der höchsten Klasse bis achtzehn Jahren. Dadurch kamen wir auch über Rügen hinaus, beispielsweise bis nach Stralsund, Grimmen, Usedom und Greifswald.

Während ich dies schreibe, läuft gerade die Fußballweltmeisterschaft 2018. Was redet der da über guten Fußball in seiner Jugendmannschaft, wird sich mancher denken. Gelegentlich unterbreche ich das Schreiben und setze mich vor den Fernseher. Bei den meisten Begegnungen fragte ich mich, spielen die Fußball oder ringen die miteinander. Natürlich kann man uns nicht mit Fußballern von heute vergleichen. Damals spielte man eleganter, mit weniger Körperkontakt, mehr für die Augen der Zuschauer. Der Art und Weise, Fußball zu spielen, lag ein anderer Maßstab zugrunde – nicht nur in der DDR, sondern auf der ganzen Welt. Das sollte bei Vergleichen von damals und heute immer berücksichtigt werden.

Einmal fuhren wir zu einem Fußballturnier nach Berlin-Oranienburg, Klaus war auch dabei. Dort wurden wir teils in einer Turnhalle und teils bei Privatleuten untergebracht. Ich war in einem Einfamilienhaus bei freundlichen Gastgebern untergekommen.

Die Organisation war ausgezeichnet und die Tage in Oranienburg waren interessant. Die Tochter der Familie, bei der ich untergebracht war, führte mich täglich zum Stadion, in dem das Turnier stattfand. Abends holte sie mich wieder ab. Sie war in meinem Alter, also etwa siebzehn, doch ungewöhnlich keusch erzogen. Was habe ich mir alles ausgemalt, wenn wir bei Dunkelheit durch das Villenviertel zum Haus ihrer Eltern zurückgingen. Alles umsonst. Sie musste immer pünktlich zu Hause sein.

Als das Turnier zu Ende war, wurde abends im Sportlerheim zusammen mit den Organisatoren und vielen Gästen in der Bar gefeiert. Unter Feiern verstand man, viel Koks zu trinken. Das war ein Schnapsglas randvoll mit Cognac, auf dem zwei bis drei Kaffeebohnen schwammen. Uns wurde versichert, durch diese Kombination könne man nicht betrunken werden. Dieses Zeug wurde uns laufend eingeschenkt, von Leuten, die wir überhaupt nicht kannten, die uns aber unbedingt zuprosten wollten. Selbst brauchten wir kein Getränk zu bezahlen. Nachdem ich etwa zwanzig Schnapsgläser konsumiert hatte, ging ich zum ersten Mal in meinem Leben nicht mehr gerade. Nie wieder, schwor ich mir damals.

Später kam für Klaus und mich das Ringen als weitere sportliche Disziplin hinzu. Es war reiner Zufall. Aus Neugier schauten wir gelegentlich den Ringern beim Training in einer Sporthalle in Binz zu. Nicht lange und man fragte uns, ob wir nicht Lust hätten, mitzumachen. Unser zögerliches Nicken wurde als Zustimmung ausgelegt und wir bekamen ein Ringerdress und Ringerschuhe geschenkt. Schnell lernten wir die Griffe im Freistilringen und entwickelten uns zu guten Ringern. Eigentlich kein Wunder, mit siebzehn Jahren und bei dem vielen Sport, den wir außerdem trieben.

Durch unsere Erfolge bei Wettkämpfen hatten wir Blut geleckt. Ungefragt wurden uns Ausweise des Vereins und die Ausrüstung von Ringern ausgehändigt – natürlich kostenlos.

Zu unserem ersten Wettkampf fuhren wir mit einem Vereinsbus nach Prora. Bis dahin kannte ich den langen Koloss nur vom Hören und Sagen. Allenfalls sah man ihn von Binz aus in der

Ferne durch die Kiefern schimmern. Das Gebiet war hermetisch abgeriegelt. Im Wald und am Strand stieß man auf Verbotsschilder. Nun stand ich vor dem langen Gebäude, das größtenteils noch ein Rohbau war, und konnte mir ein ungefähres Bild machen.

Nach Kriegsende waren dort sowjetische Soldaten untergebracht, später die KVP[12]. Daraus formierte sich 1956 die NVA[13]. Die russischen Soldaten traten außerhalb des Militärgeländes wenig in Erscheinung. Nur selten fuhren russische Militärfahrzeuge auf den Straßen. Auch später sah man in Binz kaum Volkspolizisten in Uniform. Selbst die NVA blieb in den Badeorten weitgehend unsichtbar.

Trotz des gesicherten militärischen Geländes gelang es anfänglich noch einigen Russen und später den Volkspolizisten, sich zu Fuß querfeldein bis nach Zirkow durchzuschlagen. Dort kehrten sie in die einzige Gaststätte des Dorfes ein, um mal richtig auf den Putz zu hauen. Ich konnte durch das winzige Fenster meiner Dachkammer gut beobachten, wenn nachts die Militärpolizei mit Lastwagen anrückte, um ihre Schäfchen wieder einzufangen. Dabei fielen gelegentlich sogar Schüsse, weil einige versuchten, über die Wiesen bis ins angrenzende Moor zu entkommen.

Zurück zu unserem ersten Wettkampf in Prora. Unser Bus wurde ohne Kontrolle durch den Schlagbaum gewunken, was Klaus und mich wunderte. Wir hatten uns nie gefragt, was unsere Ringerkollegen eigentlich von Beruf waren, denn privat hatten wir keinen Kontakt zu ihnen. Nach dem Training gingen wir stets unserer eigenen Wege. Doch durch allerlei Bemerkungen in der Umkleidekabine schöpften wir allmählich einen Verdacht. War

---

[12] Kasernierte Volkspolizei.
[13] Nationale Volksarmee.

der Ringerverein eventuell ein Verein der Geheimpolizei? Fragen wollten wir lieber nicht. Auf einer weiteren Fahrt zu einem Ringerwettkampf, wiederum mit dem Bus, fiel bei mir endlich der Groschen, aber dazu später mehr.

Fortan trainierten wir nicht nur zweimal in der Woche mit Fußballern, sondern zusätzlich noch mindestens einmal mit Ringern. Das Ringertraining beanspruchte allerdings Muskelpartien, die beim Fußball nicht so wichtig waren. Wer von seinem Gegner mit beiden Schultern auf die Matte gedrückt wurde, hatte verloren. Das einzige Mittel dagegen war, eine Brücke zu machen, um sich gewandt aus der Umklammerung des Gegners zu befreien. Leicht vorzustellen, wie die Halswirbel dadurch litten. Klaus und ich haben diesen Sport glücklicherweise bald aufgegeben. Trotzdem bereitete mir meine s-förmig verbogene Halswirbelsäule noch jahrelang Probleme.

Viele Tage waren durch Sport ausgebucht. Manche Eltern waren froh darüber, dass ihre Kinder nicht den ganzen Tag in der einzigen Stube hockten, denn die meisten Flüchtlingsfamilien lebten noch in beengten Wohnverhältnissen.

Körperliche Ertüchtigung dominierte das Leben in der gesamten DDR. Auch ältere Menschen nahmen an sportlichen Wettbewerben teil, die auf sie zugeschnitten waren. Einerseits, um sich fit zu halten, andererseits wegen der Ehrenurkunden und Medaillen.

Vor allem junge Männer – Frauen weniger – prägten in Trainingsanzügen und Sportschuhen das Stadtbild, außer natürlich in den Großstädten wie Berlin und Dresden. Durch den Sport konnte man zu Ruhm und Ehre kommen.

Schon im Alter von zehn Jahren war ich in Fußball vernarrt. Die Bälle stammten noch aus der Vorkriegszeit. Sie waren unrund und wurden bei Nässe schwer. Das Leder musste oft geflickt werden und die Gummiblase hielt nicht lange dicht. Damals gehörte die Dorfstraße in Zirkow noch den Kindern. Wir spielten darauf Fußball und ballerten das Leder stundenlang gegen die Toreinfahrt der Kornmühle des alten Raeth. Gelegentlich lieh uns die Schulleiterin ihren nagelneuen Ball. Meine Mutter nervte ich, indem ich im Wohnzimmer minutenlang einen Tennisball zwischen die Füße des Spinds zu kicken versuchte, solange, bis ich mental genügend Tore erzielt hatte.

Mit vierzehn Jahren wurde aus dem Kicken allmählich ernsthaftes Fußballspielen. Ich begegnete damals zum ersten Mal Klaus Rehmer. Auf unserem Schulhof wurde ein Fußballspiel zwischen Kindern aus Zirkow und Binz ausgetragen. In der Binzer Mannschaft war Klaus der Beste. Seitdem bewunderte ich ihn und wollte genauso gut werden. Fast täglich ging ich allein auf den Sportplatz, etwas außerhalb von Zirkow, und trainierte allerlei Balltricks. Mit fünfzehn Jahren wurde ich in den Sportverein „Einheit Binz" aufgenommen und durfte dort bald in der A-Jugend mitspielen. Die Mannschaft war für die damalige Zeit etwas Besonderes. Wir hatten mehr Zuschauer als die Herren. Die Jugendmannschaft setzte sich aus den besten Fußballern von ganz Rügen zusammen. Manche kamen von weit her, beispielsweise aus dem Mönchgut. Wir hatten in Herrn Reinbold einen hervorragenden Trainer, der auch all unsere Reisen zu den diversen Austragungsorten organisierte.

Zu den Auswärtsspielen fuhren wir mit der Bahn oder mit dem Rasenden Roland, der Schmalspurbahn auf Rügen. Die Bahn hieß in der DDR nach Kriegsende weiterhin Deutsche Reichsbahn, obwohl das sogenannte „Reich" schon 1945 untergegangen war. Überhaupt war die Bahn damals das Hauptverkehrsmittel in der DDR. Der Verkehr auf der Straße spielte wegen fehlender Kraftwagen und Infrastruktur noch keine große Rolle.

Einmal fuhr unsere Mannschaft per Bahn nach Ahlbeck auf Usedom. Obwohl es nur 150 Kilometer weit war, dauerte die Fahrt einen halben Tag. Langsam war damals normal. Außerdem wussten wir mit der Zeit etwas anzufangen. Wir wanderten im Zug hin und her, knüpften Bekanntschaften und vertrieben uns die Zeit mit Kartenspielen und allerlei Streichen. Die alten Holzbänke aus der Kriegszeit waren dunkel, speckig und glatt poliert. Die Waggons und die Dampflokomotiven stammten ebenfalls aus der Kriegszeit, hauptsächlich solche, die die Russen als Reparationsleistungen verschmäht hatten.

Das Fußballspiel fand noch am Nachmittag statt. Die Tage davor hatte ein Sturm Tonnen von weißem Strandsand auf den Fußballplatz geweht. Wie am Strand sackte man beim Laufen in den Sand ein. Im Fußballspielen am Strand waren wir zwar geübt, aber barfuß und nur zum Vergnügen.

Die Trainer begutachteten den Platz, maßen die Höhe des Tores, das durch den Sand niedriger war und befanden, das Spiel wird ausgetragen. Es war ein einziges Gerangel um den Ball, der, wenn er aus großer Höhe herabfiel, faktisch liegen blieb, statt zu prallen. Weil schnell zu laufen im tiefen Sand unmöglich war, versuchten wir es mit Hechtsprüngen nach dem Ball. Jeglicher sportliche Ehrgeiz war dem Spaß gewichen, manche Spieler standen nur noch herum und hielten sich den Bauch vor Lachen.

16 Fahrradtour gen Westen

Mich drängte es immer mehr, einmal das Deutschland außerhalb der DDR kennenzulernen. Aus Neugier, aber auch aus Abenteuerlust beschlossen mein Schulfreund Klaus Dehne und ich, zusammen eine Fahrradtour nach Westdeutschland zu unternehmen. Hans-Joachim wäre gerne mitgekommen, aber sein Erspartes reichte noch nicht, um sich ein Fahrrad zu leisten.

Klaus wollte seine Verwandten in St. Peter-Ording besuchen und ich eine der vielen Schwestern meiner Mutter, meine Tante Anna in Glücksburg mit ihren beiden reizenden Töchtern. In Wirklichkeit ging es uns nicht um die Verwandten, sondern um unsere Neugier auf die Welt hinter der DDR-Grenze. Immerhin waren solche Reisen nach Westdeutschland damals noch möglich.

Viel geplant wurde nicht. Meine Mutter kündigte meinen Besuch bei ihrer Schwester an, die mich daraufhin schriftlich einlud. Um den Papierkram für den Grenzübertritt brauchte ich mich nicht zu kümmern. Mein Vater legte den Ämtern die offizielle Einladung meiner Tante vor und schon hatte ich die Einreiseerlaubnis.

Die Fahrräder mussten tipptopp in Ordnung sein. Ich nahm meins komplett auseinander. Auf dem Küchentisch meiner Mutter durfte ich die Kugellager ausbauen, um sie einzufetten. Wäre mir nur eine Kugel heruntergefallen, womöglich für immer in die Ritzen zwischen den Holzdielen verschwunden, die geplante Tour wäre geplatzt. Wenn das passiert wäre, hätte ich überall herumfragen müssen, ob jemand in seiner Ersatzteil-Kiste eventuell eine passende Kugel übrighat. Fahrrad- oder Ersatzteilhändler gab es in meinem Umfeld noch nicht.

Wir wählten die Route über Stralsund, Rostock, Wismar, Lübeck bis nach Hamburg. Dort würden sich unsere Wege trennen. Meine Strecke bis hoch zur Flensburger Förde betrug mit Umwegen fast 500 Kilometer. Die von Klaus Dehne 100 Kilometer weniger.

Die erste Etappe ging über 240 Kilometer von Binz nach Lübeck. Obwohl ich solche Strecken schon an einem Tage gefahren war, erscheint mir dies rückblickend zweifelhaft, zumal die Fahrräder alt und schwer und die Straßen schlecht waren. Ich kann mich nicht mehr genau erinnern, ob wir auf dieser Strecke übernachtet haben. Wie dem auch sei, Klaus Dehne klagte bereits am ersten Tag über das hohe Tempo. Mit meiner Gangschaltung hatte ich es wesentlich leichter als er. Wir kamen einschließlich Pausen niemals über eine Durchschnittsgeschwindigkeit von 15 Kilometern pro Stunde.

Die Grenze kurz vor Lübeck passierten wir ohne Probleme. Zufällig fand in der Hansestadt ein Treffen der Landsmannschaften statt. Bis dahin wusste ich nur von meinen Eltern, was diese Vereine eigentlich bezweckten. Die durch den Krieg aus dem Osten Deutschlands vertriebenen Menschen hatten sich zu Verbänden zusammengeschlossen, in der Hoffnung, eines Tages in ihre Heimat zurückkehren zu dürfen. Auch meine Eltern, die aus Stettin stammten, spielten mit solchen Gedanken. Ich selbst, in der Stadt geboren und bei Kriegsende gerade mal sieben Jahre alt, konnte mich zwar noch ein wenig an die Zeit erinnern, aber meine Heimat war mittlerweile Rügen.

Passanten, die wir nach einer Jugendherberge fragten, rieten uns, dieses Treffen unbedingt zu besuchen, weil wir dort alles bekämen, was wir brauchten, also Essen, Trinken und sogar etwas Taschengeld. Dieses Angebot nutzten wir aus, mischten uns unter die schätzungsweise zweitausend Besucher, hörten uns artig die Reden an, bis uns die Augen zuzufallen drohten.

Unser nächstes Ziel war Hamburg, nur 67 Kilometer weit, ein Katzensprung im Vergleich zur ersten Etappe. Von daher hatten wir genügend Zeit, uns Lübeck anzusehen. Zumindest die obligatorischen Postkarten mit dem Holstentor an unsere Eltern mussten noch eingeworfen werden.

In Hamburg trafen wir schon am frühen Nachmittag ein und fanden in einer Jugendherberge eine Bleibe. Wir hätten uns Hamburg gerne näher angesehen, aber mit dem Fahrrad durch den Großstadtverkehr ohne Stadtplan, das war uns zu riskant. Und für öffentliche Verkehrsmittel wollten wir die wenigen D-Mark von der Landsmannschaft nicht opfern. So blieben wir in der Nähe der Jugendherberge, um frühzeitig schlafen zu gehen.

Anscheinend gab es damals schon Schlepper, die es auf naive Jugendliche aus der DDR abgesehen hatten. Direkt vor der Jugendherberge sprach mich ein freundlicher Hamburger an, noch ein Bübchen, das jünger als ich zu sein schien. Wo ich herkäme, wollte er wissen. Ob ich mir Hamburg ansehen möchte, fragte er mich lachend. Nachdem wir uns länger über dies und jenes unterhalten hatten, wollte er wissen, ob ich schon einmal in einem Puff gewesen sei. Dabei zog er grinsend Fotos mit nackten Frauen aus der Brusttasche, hielt sie mir hin und fügte noch hinzu:

„Das sind alles nette Frauen, die ich persönlich kenne."

Ich schwieg und betrachtete neugierig die Fotos.

„Du, ich habe kein Westgeld."

„Kein Problem, ich übernehme die Fahrt und wenn es Dir nicht gefällt, bringe ich Dich wieder zurück."

Gerade noch rechtzeitig begriff ich, dass der Kerl krumme Sachen mit mir vorhatte. Ich musste mich irgendwie aus der Affäre ziehen und täuschte Interesse vor. Schließlich verabredeten wir uns für den späten Nachmittag. Ich würde meinen Freund mitbringen, der bestimmt noch nie in einem Puff war, versicherte ich ihm glaubhaft. Wir verabschiedeten uns kumpelhaft. Er trottete davon. Ich ging nach dem Abendessen gleich ins Bett, statt zum vereinbarten Treffpunkt, denn am nächsten Tag stand unsere letzte Etappe bevor.

Früh morgens erreichten wir nördlich von Hamburg jene Straßengabelung, an der sich unsere Wege trennen würden. Mir war klar, dass ich die letzten 170 Kilometer ohne Klaus bewältigen musste, mein Partner deutlich weniger. Allein zu fahren war riskanter und langweiliger.

Die Sonne brannte erbarmungslos auf mich herab. Eine Kopfbedeckung hatte ich aus Eitelkeit schon immer abgelehnt und Sturzhelme waren nicht üblich. Rendsburg erreichte ich noch bei Tageslicht und konnte die alte Drehbrücke in Aktion bestaunen.

Bis hier hatte ich erst etwa die Hälfte hinter mir. Die restlichen Kilometer wurden immer zähflüssiger. Ich hatte zum letzten Mal in Hamburg Wasser getrunken. Um ein Getränk zu kaufen, war es zu spät, die Geschäfte hatten schon geschlossen. Und die Leute, denen ich ab und zu in den Dörfern begegnete, wollte ich aus einem heute unbegreiflichen Stolz heraus nicht um Wasser bitten. Du schaffst das schon, redete ich mir ein.

Die Nacht war hereingebrochen, auf den Wiesen lag Nebel. Der Verkehr hatte zwar deutlich abgenommen, aber dafür nahmen die Schlaglöcher zu, die ich in der Dunkelheit immer öfter übersah. Wenn möglich, nutzte ich die Fahrbahnmitte. Der Dynamo kostete zusätzliche Kraft. Er wurde nur eingesetzt, wenn mir ein Fahrzeug entgegenkam. Das war alles noch erträglich, aber der Durst machte mir immer mehr zu schaffen.

Mittlerweile war es schon nach Mitternacht. Ich konnte die Hand vor Augen nicht mehr sehen. Gespenstische Stille. Plötzlich hörte ich rechts der Straße einen Bach plätschern. Wasser, endlich Wasser, jubelte ich. Als ich das Rad hinschmiss, merkte ich, dass mein Hintern erbärmlich schmerzte. Vorsichtig stieg ich in den Straßengraben und tastete mich in Richtung des rieselnden Wassers durch die Brennnesseln. Doch der Graben, der offenbar dort die Straße unterquerte, hatte eine steile Böschung. Ich rutschte ab. Stacheldraht bohrte sich in mein Schienbein. Immer wieder die Wunde betastend leckte ich gierig das Blut von den Händen. Eine Kuh muhte auf der anderen Seite des Grabens. Schemenhaft hob sich ihr weiß-schwarz geschecktes Fell vor dem dunklen Hintergrund ab. Ich überlegte ernsthaft, ob sie sich vielleicht melken ließ. Zugesehen hatte ich den Frauen in Zirkow dabei schon häufig und mir die Handbewegungen eingeprägt. Aber als ich mich erhob, trottete das Vieh davon. Es war alles umsonst. Ich fuhr weiter in die Nacht hinein und träumte von Wasserhähnen und Brunnen. Real blieb mit nur noch, das Kondenswasser an der Lenkstange abzulecken und den kühlen Nebel tief einzuatmen.

Der Morgen graute schon, als ich in der Ferne Flensburg sah. Jetzt kann es nicht mehr weit nach Glücksburg sein, wusste ich. Links der Straße schimmerte ein See durch die Büsche. Das muss die Flensburger Förde sein, dachte ich. Als ich einen schmalen Strand entdeckte, hielt ich an. Mein Fahrrad flog etwas unsanft in den Sand. Ich legte mich daneben und schlief sofort ein. Durch schnatternde Leute und tobende Kinder wachte ich auf. Noch immer spürte ich die Strapazen der Tour. Nichts wie weg war mein erster Gedanke. Um mich herum hatten sich Badegäste geschart, die neugierig auf mich herabblickten. Ich konnte kaum sprechen, so trocken war meine Zunge.

„Wasser", flüsterte ich.

Jemand reichte mir eine Flasche, die ich gierig leerte. Langsam ging es mir besser. Die Leute standen immer noch um mich herum und musterten mich verstohlen.

Endlich stand ich vor der Haustür meiner Tante in Glücksburg. Nachdem ich mehrere Male geklingelt hatte, öffnete sie die Tür, begrüßte mich herzlich und führte mich in ihre Souterrainwohnung. Wie meine Mutter war auch meine Tante eine Frohnatur mit viel Temperament.

„Komm rein, ich mach dir erstmal einen Kaffee."

„Nein danke, Wasser wäre mir lieber."

Ich trank und trank, bis mir die Flüssigkeit aus den Ohren zu laufen drohte. Meine beiden hübschen Cousinen, wenig älter als ich, waren verreist.

Ich traute mich nicht oft aus der Wohnung, weil ich mich unter den Menschen im Westen fremd fühlte. Sie schienen vor lauter Selbstbewusstsein zu platzen. Die Häuser gepflegt mit einladenden Vorgärten. Gut gekleidet wandelten hauptsächlich Kurgäste durch den kleinen Ort, füllten Cafés, Kinos und Konzerte. Ich wollte nicht nur staunender Zuschauer sein und verkroch mich in meinem Zimmer. Dort las ich die billigen Englischromane meiner Cousine Hella, die einen Amerikaner geheiratet hatte.

Dass ich in der Grundschule einige Jahre Englisch statt Russisch gelernt hatte, kam mir nun zugute. Abends im Bett quälte ich mich durch die Romane, die voller vulgärer Ausdrücke waren.

Ab und zu klopfte der Freund meiner Tante ans niedrige Fenster des Wohnzimmers. Nur seine Beine waren zu sehen. Tante Anna kam dann immer freudig aus der Küche gelaufen und öffnete das Fenster. Einmal flogen ihr Salatköpfe entgegen, die er ihr vom Markt mitgebracht hatte. Ein anderes Mal purzelte eine

Pralinenschachtel ins Wohnzimmer. Dass ich mich ausgerechnet daran erinnere, verblüfft mich selbst – vermutlich, weil es so komisch aussah.

Auch in Westdeutschland litten die Menschen noch unter den kargen Nachkriegsjahren, alles drehte sich hauptsächlich ums Essen und Trinken.

17 Vaters Flucht

Es war an einem Wochenende Mitte 1955, an dem ich keine sportlichen Verpflichtungen erfüllen musste und deshalb bei meinen Eltern in Zirkow weilte. Typisch für ein kleines Dorf, man braucht nur vor die Haustür zu treten, um Freunde und Bekannte zu treffen. Diesmal begegnete mir Helmut, der kaum älter war als ich. Wir kannten uns schon vom Sandkasten her und unterhielten uns über dies und jenes aus der gemeinsamen Zeit. Als wir uns verabschiedeten, sagte er beiläufig:

„Du…! Gestern hat man im Bürgermeisteramt über deinen Vater gesprochen.“

Worüber, wollte er mir nicht sagen, aber sein Blick verriet nichts Gutes.

Zu Hause erzählte ich meinem Vater davon. Der wurde plötzlich unruhig, ging zu meiner Mutter, flüsterte ihr etwas ins Ohr und verschwand eilig ins einzige Zimmer, das zugleich Wohn- und Schlafzimmer war. Ich schlief, wie schon in der alten Wohnung, in der kleinen Dachkammer.

Am nächsten Morgen war mein Vater weg. Doch meine Mutter konnte oder wollte mir den Grund dafür nicht plausibel erklären. Er wusste jedoch genau, worüber im Bürgermeisteramt über ihn gesprochen worden war. Und um seiner Verhaftung zu entgehen, war er noch in derselben Nacht mit dem Zug nach Ostberlin gefahren, um von dort nach Westberlin zu gelangen. Erst viel später, als er mir persönlich die Hintergründe erklärte, wurde mir klar, was man ihm vorgeworfen hatte.

Seit seiner Entlassung aus der russischen Gefangenschaft ließ er nichts unversucht, um mit allerlei Arbeit den Unterhalt für unsere Familie zu verdienen. Zuletzt hatte er sich als Erfasser beworben und war prompt eingestellt worden. Wer den Zweck dieses speziellen Berufs begreifen will, muss die Planwirtschaft der DDR einigermaßen verstanden haben.

Das Ministerium für Ernährung, Land- und Forstwirtschaft in der DDR arbeitete jährlich für alle landwirtschaftlichen Betriebe einen Plan aus. Darin wurde das Soll festgelegt, das jeder Betrieb in Form von landwirtschaftlichen Produkten zu erfüllen hatte. Beispielsweise bekam ein Bauer ein Soll von 10 Schweinen und ein anderer ein Soll von 10 Rindern vorgegeben. Diese waren gegen ein geringes Entgelt an den Staat abzuliefern. Wenn sie ihr Soll erfüllten, durften sie die darüber hinausgehende Zahl an Schweinen oder Rindern auf dem freien Markt verkaufen. Wegen des höheren Gewinns war das begreiflicherweise immer ihr Ansinnen.

Mein Vater hatte die Aufgabe, die Erfüllung des Solls während des Jahres in bestimmten Gebieten Rügens zu überwachen. Das geschah, indem er die Bauern mit seinem Motorrad von Zeit zu Zeit aufsuchte, das Vieh registrierte und alles in Listen eintrug. Manche Landwirte hatten große Schwierigkeiten, das vorgegebene Soll zu erfüllen. Doch mein Vater schaffte dieses Problem durch geschickte Umbuchungen in seinen Büchern aus der Welt. Dass sie ihm dafür immer Schinken oder Eier zusteckten, unterstelle ich mal. Das ging bis zu jenem Tag gut, als man ihm auf die Schliche kam.

In den folgenden Monaten fragte ich meine Mutter öfter, wann sie gedenke, dem Vater zu folgen, denn ich wollte um keinen Preis die Oberschule abbrechen.

Das Motorrad stand vereinsamt, aber für mich sehr verführerisch, im Schuppen auf dem Hinterhof des Pfarrhauses, wo auch unsere Kaninchen und Hühner untergebracht waren.

Mit sechzehn konnte man in der DDR schon die Fahrerlaubnis der Klasse 4 für Motorräder bis 150 cm^3 erwerben. Die nächstgelegene Fahrschule befand sich in Bergen, 9 Kilometer entfernt. Wie sollte ich dort hinkommen? Ich beherrschte das Motorrad schon, zumindest auf dem Hof und im Park des Pastors. So war es für mich nur logisch, damit immer zur Fahrschule zu gelangen.

Leider musste ich immer am Dorfpolizisten von Zirkow vorbei, der gewöhnlich im Schatten der Linde auf dem Dorfplatz vor dem einzigen Gasthaus stand und alles beobachtete. Wir kannten einander vom Fußballplatz und grüßten uns freundlich. Ich spekulierte, er würde annehmen, ich besäße schon den Führerschein. In Bergen parkte ich immer in einer Seitenstraße, damit der Fahrlehrer nichts mitbekam.

Schließlich ging alles gut. Die Fahrerlaubnis in der Tasche, ließ ich mein Fahrrad stehen und fuhr fortan nur noch mit dem Motorrad.

An der Oberschule war ich nun hoch angesehen, insbesondere bei den Mädchen. Dabei war die Maschine meines Vaters uralt. Unglaublich, was die schon alles mitgemacht hatte.

Ich erinnere mich noch, als mein Vater uns vor der heranrückenden Roten Armee im Frühjahr 1945 aus Hinterpommern herausholte. Er war ohne Erlaubnis seiner Dienststelle in einer „Nacht-und-Nebel-Aktion" gekommen, hat uns drei auf das kleine Motorrad gesetzt, das außerdem einen Anhänger mit unserer Habe zu ziehen hatte. So sind wir in der Nacht noch bis Stettin gefahren, 90 Kilometer weit.

Helli, eine Internatsschülerin, war ein lustiges Mädchen, voll entwickelt wie eine erwachsene Frau. Wenn sie lachte, riss sie die anderen mit. Alle mochten ihre kumpelhafte Art, ich mochte noch mehr an ihr. Sie war begierig, einmal auf meinem Motorrad mitzufahren. Eine willkommene Gelegenheit für mich, um ihr näherzukommen. Bei schönem Wetter fuhren wir aus Spaß am Vergnügen kreuz und quer durch Rügens Landschaft. Sie saß hinten auf dem Sozius und umklammerte mich während der Fahrt, lachte, rief mir witzige Worte ins Ohr. Wir balgten uns im Buchenwald. Sie spielte am liebsten Haschmich. Küssen ja, aber mehr nicht.

Einmal erfuhr ich rein zufällig, dass meine Mutter zu Besorgungen nach Bergen gefahren war. Das ist die Gelegenheit, dachte ich und fuhr mit Helli von Binz zu unserer Wohnung in Zirkow. Pastor Helfritz im Erdgeschoss sollte nichts mitbekommen. So leise wie möglich stiegen wir die knarrenden Holzstufen zur Wohnung meiner Mutter hoch und setzten uns nebeneinander aufs Sofa. Vor Erregung ziemlich erhitzt küssten wir uns. Als ich glaubte, am Ziel meiner Träume zu sein, klopfte es an der Tür. Ohne ein „Ja bitte" abzuwarten, streckte Pastor Helfritz seinen Kopf durch den Türspalt und sagte:

„Ich wollte nur mal nachsehen, ob alles in Ordnung ist." Noch bevor wir etwas antworten konnten, fiel die Tür wieder ins Schloss. Der Zauber war wie weggeblasen und wir begaben uns eilig auf den Rückweg.

18 Ohne ihn

Wie gewohnt verbrachte ich die Wochenenden bei meiner Mutter in Zirkow. Sie musste nun ohne Ehemann zurechtkommen, insbesondere ohne seine Einkünfte. Doch sie war eine gefragte Köchin und verdiente als solche gelegentlich etwas Geld. Schon vor der Flucht meines Vaters hatte sie für ein Ferienlager in Lubkow gekocht. Nun bekochte sie den Kindergarten in Zirkow. Und was die Kinder übrig ließen, durfte sie mit nach Hause nehmen.

Von Binz nach Zirkow gab es zwei Straßenverbindungen, die kürzere über Pantow, die längere über Karow. Manchmal wählte ich die längere, um Eva in Dalkvitz zu besuchen. Neben anderen Familien wohnte sie dort zusammen mit ihrem Vater und ihrer etwas jüngeren Schwester in einem ehemaligen Gutshaus. Ich hatte sie niemals gefragt, wie alt sie war, aber ich schätzte sie auf über zwanzig. Was sie mir über ihre Familie erzählte, klang sehr mysteriös. Der Vater sei mit ihr und ihrer Schwester erst kürzlich von Westdeutschland in die DDR umgesiedelt. Eine ungewöhnliche Fluchtrichtung, denn normalerweise flohen die Menschen von Ost nach West. Sie klärte mich auf: Ihr Vater sei vom Sozialismus der DDR überzeugt und wolle deren Ideologie nun tatkräftig unterstützen. Weiter habe ich sie nicht ausgefragt. Vorsichtshalber verschwieg ich Eva, dass mein Vater kürzlich nach Westdeutschland geflohen war. Sonst hätte sie sich ausmalen können, dass meine Mutter und ich ihm bald folgen würden. Wir hatten zwar eine unterschiedliche politische Überzeugung, aber die konnte dem Liebreiz unserer Beziehung nichts anhaben. Auf alle Fälle behielt ich einige Ansichten lieber für mich. Noch wusste ich nicht, ob sie die politische Auffassung ihres Vaters überhaupt teilte. Mitunter unterhielten wir uns nebenbei über das

Thema, wieso so viele Menschen nach drüben abhauen würden. Zirkow war schon halb leer. Beiläufig fragte ich sie einmal:

„Was würdest du eigentlich machen, wenn auch ich eines Tages in den Westen ginge?"

„Ich würde dich anzeigen", sagte sie mit einem nicht zu deutenden Lächeln.

Kennengelernt hatte ich sie an einem der Wochenenden in Zirkow, während der obligatorischen Tanzveranstaltung im großen Saal vom Gasthaus Murswik. Nicht etwa beim Tanzen, sondern unter den Gaffern, die dem Treiben von draußen durch die Fenster zusahen. Zwei Musiker spielten „Capri-Fischer", „Lustig ist das Zigeunerleben" und andere alte Schlager. Im Saal saßen ringsherum die Mädchen auf Bänken, wie Hühner auf der Stange und hofften, dass die wenigen Männer sie zum Tanz auffordern würden. Die meisten von ihnen standen jedoch draußen auf dem Platz vor den Fenstern und überboten sich mit allerlei Imponiergehabe. Eva fiel wegen ihrer westlichen Kleidung auf. Ich glaubte, sie sei lediglich zu Besuch da. Neugierig fragte ich sie aus, wie das Leben drüben so sei. Ansonsten unterhielten wir uns über Banales. Schließlich fragte sie mich mit einem verheißungsvollen Seitenblick auf mein Motorrad:

„Würdest du mich nach Hause fahren?"

Damit begann unser lockeres Verhältnis. Erst später erfuhr ich von Jungs aus dem Dorf, dass sie noch andere Liebhaber hatte. Ob das stimmte oder nicht, konnte ich nicht mehr herausfinden, denn der Tag, an dem ich durch Dalkvitz fuhr, ohne mich von ihr verabschieden zu dürfen, war nahe.

Einmal besuchte ich Eva an einem eiskalten Februartag. Es war schon dunkel. Von Karow kommend bog ich in Dalkvitz mit dem Motorrad links in den Weg zum ehemaligen Gutshaus ab.

Um einer Begegnung mit ihrem Vater aus dem Wege zu gehen, parkte ich die Maschine nicht direkt vor dem Haus. Dennoch hatte sie mein Kommen gehört und erschien sofort am ramponierten Eingangsportal. Wie so oft, herrschte Stromsperre. Ihre Gestalt im Türrahmen war nur schemenhaft zu erkennen. Im Treppenhaus, wo wir gewöhnlich standen, kam uns die Dunkelheit aber sehr gelegen. Kein Licht störte mehr unsere Umklammerung, wenn ahnungslose Bewohner an uns vorbeischlichen. Diesmal führte sie mich die Treppe hinauf, immer an der Wand entlang tastend, bis in eine Abstellkammer. Dort brannte eine Kerze, die sie schon vorausplanend angezündet haben musste. Überall Gerümpel und Regale voller Einmachgläser. Wenigstens war es dort warm, aber kein Ort, um sich zu setzen oder gar hinzulegen. Als ein alter Mann unverhofft die Kammertür aufriss und etwas vor sich hin brummte, fuhren wir erschrocken auseinander.

Ernüchtert tasteten wir uns die Treppe hinab bis auf den Hof. Von dort gingen wir den Weg in Richtung der verschneiten Felder, wo ein riesiger Heuhaufen Wärme verhieß. Mit viel Mühe schafften wir es hinaufzuklettern. Erschöpft ließen wir uns auf den Rücken fallen und versanken im Heu. Zumindest war es nun von unten her warm. Über uns erhellte ein überwältigender Sternenhimmel die Nacht. Wegen der Stromsperre störte kein künstliches Licht das Schauspiel am Firmament. Ein wunderschöner Anblick, aber wir fühlten uns dabei winzig. Allmählich kroch die Kälte in unsere Kleider und verjagte jegliche Gelüste. Bibbernd machten wir uns auf den Weg nach Hause, ein jeder für sich.

Wenige Wochen später wohnte sie mit ihrer Familie nicht mehr im Gutshaus, sondern in einem kleinen Haus aus der Vorkriegszeit dicht an der Chaussee nach Bergen. Wenn ich durch Dalkvitz fuhr, brauchte ich nicht zu hupen. Sie kannte das Motorengeräusch meiner Maschine und kam umgehend aus der

Hintertür. Eva hatte gegenüber ihrem Vater immer dieselbe Ausrede, denn das Plumpsklo befand sich im Stall hinter dem Wohnhaus. Es herrschten immer noch Minustemperaturen. Wir umarmten einander, sie im Nachthemd, ich dick eingepackt. Wenn sie zu zittern begann, war es höchste Zeit, sie gehen zu lassen. Meine Maschine ließ ich anschließend im Leerlauf die abschüssige Straße hinabrollen, bevor ich den Motor startete und weiter nach Zirkow fuhr.

Gegenüber meiner Mutter wollte ich nicht zugeben, wieso ich immer erst so spät bei ihr eintraf. Meine Lügen wären aber nicht nötig gewesen, denn sie lächelte nur wissend und schwieg.

Mein Motorrad musste noch manches aushalten. Die Mutter von Hans Schünemann – einem Mitschüler – hatte mich gebeten, ein Plakat für einen Maskenball in Groß Schoritz zu malen, wo sie Bürgermeisterin war. O Gott! Ein Plakat, das in einem Dorf aufgehängt werden sollte, und außerdem wetterfest sein musste, hatte ich noch nie gemalt. Irgendwie hatte es aber geklappt. Zum Dank hatte sie Hans-Joachim und mich zum Maskenball eingeladen. Ich fuhr von Zirkow die 12 Kilometer bis nach Sehlen, um Hans-Joachim abzuholen. Mit ihm auf dem Sozius ging es weiter nach Groß Schoritz. Doch bereits in Karnitz stotterte der Motor und gab schließlich seinen Geist ganz auf. Ich war mir sicher, das Benzin hätte reichen müssen. Wie voll der Tank war, habe ich noch vorher am Klang des schwappenden Sprits geprüft, indem ich die Maschine kräftig geschüttelt hatte. Es war schon dunkel und außerdem kalt. Was nun? Nach einer Tankstelle brauchten wir erst gar nicht zu suchen. Die gab es nur in Städten. Schließlich versuchten wir es beim Dorfschmied, der uns etwas Benzin gab. Nach weiteren 10 Kilometern erreichten wir Groß Schoritz. Die Gäste mit den besten Masken sollten Preise erhalten. Aber niemand war maskiert erschienen. Dennoch war der Saal des ehemaligen Guts voll. Die meisten waren nur gekommen, um sich zu amüsieren. Ich erinnere mich noch, als ich mit Frau Schünemann, der Bürgermeisterin, tanzte und dabei versehentlich einen Mann anrempelte. Sofort löste der sich von seiner Partnerin und wollte mir an den Kragen. Frau Schünemann stellte sich energisch dazwischen. Der Mann beruhigte sich wieder. Er konnte nicht ahnen, dass ich aktiver Ringer war. Wahrscheinlich hätte mir das auch nichts genützt, denn ich wusste, dass es bei Schlägereien keine fairen Regeln gibt.

19 Revolte

Streiken war durch die Verfassung der DDR als absurd erklärt worden. Es gehörte sowieso alles dem Volk. Nicht zuletzt sprach man von volkseigenen Betrieben. Gegen sich selbst zu streiken, war also widersinnig – soweit die sozialistische Philosophie der DDR. Wenn es dennoch zu Streiks kam, wurden diese als Aufstand gegen das bestehende System eingestuft. Dies war uns damals voll bewusst, als wir es im Internat einmal gewagt hatten, aus triftigem Grund zu streiken. Aber dazu später mehr.

Immer mehr Mädchen und Jungen von weiter her wollten auf die Oberschule in Binz gehen. Deswegen mussten zusätzliche Klassenräume im Haus Karin geschaffen werden. Das Jungeninternat wurde ins Haus Bundestreue verlegt. In der DDR stand genügend öffentlicher Raum zur Verfügung, weil viele Besitzer größerer Immobilien in den Westen geflohen waren. Außerdem fand 1953 eine Enteignungswelle statt. An der gesamten Ostseeküste der DDR drangen in einer konzertierten Aktion bewaffnete Volkspolizisten in Hotels und Villen ein, um die Besitzer unter fadenscheinigen Vorwänden zu verhaften. Ziel war es, die Hotels als Volkseigentum zu beschlagnahmen, um sie dem Deutschen Gewerkschaftsbund zur zentral gesteuerten Urlaubsbewirtschaftung zu überlassen.

Unser neues Internat lag nicht weit von der Strandpromenade. Jetzt teilten wir uns zu viert ein Zimmer, Hans-Joachim, Klaus Dehne, Wolfgang Schmidt und ich. Wir verstanden uns prächtig. Einen Schüler nannten wir Moses, weil er der Sohn eines Pastors war. Ein gut aussehender, verrückter Typ. Wo er auftauchte, herrschte keine Langeweile. Er wollte Theaterschauspieler werden und gab gelegentlich mit Hingabe sein Paradegedicht zum Besten: Prometheus von Goethe. Einmal unterhielt er uns mit einer spontan erfundenen Theaterszene, indem er einen Verwirrten simulierte, der wegen einer bevorstehenden Mathearbeit verrückt geworden war. Als die Internatsleiterin dazukam, war sie im ersten Moment entsetzt und glaubte, Moses sei tatsächlich durchgedreht. Da sein schauspielerisches Talent unter den Schülern allgemein bekannt war, konnten wir sie schnell aufklären.

Schräg gegenüber, im Haus der Freundschaft, befand sich eine anrüchige Kneipe. Sie nannte sich damals Taverne, in der es oft bis nach Mitternacht hoch herging, mit Musik, lautem Lachen und Gegröle. Dort trafen die in Binz stationierten Grenzsoldaten mit NVA-Soldaten aus Prora zusammen. Selbst wir Jungs, die noch einen gesunden Schlaf hätten haben sollen, standen nachts hellwach auf dem Balkon und lauschten dem ungewöhnlichen Radau. Manchmal fielen Schüsse. Einmal kam unsere Internatsleiterin deshalb in heller Aufregung auf unser Zimmer. Sie hatte Angst, denn sie wohnte im Parterre.

Ich habe nie erfahren, wer aus welchen Gründen geschossen hatte, und ob dabei jemand verletzt oder gar getötet worden war. Die Presse durfte über solche Ereignisse nicht berichten. Und die Jungs aus dem Internat kannten die Spelunke nur von außen.

Das Mädcheninternat blieb weiterhin gegenüber Haus Karin in der Bahnhofstraße. Nun sahen wir die Mädchen nur noch während des Unterrichtes von hinten. Die aus der eigenen Klasse fanden die meisten Jungs sowieso nicht so interessant. Typisch für unser damaliges Alter, obwohl das Glück ganz nahe war, suchten wir es lieber in der Ferne.

Dafür lag unser Internat nun in der Nähe des Strandes. Auch zum Hauptbahnhof war es nicht mehr weit. Dadurch ergaben sich ganz neue Möglichkeiten. Einige Jungs aus der Oberschule fingen am nahen Hauptbahnhof die eintreffenden Urlauber ab und boten sich an, die Koffer zum Hotel zu tragen. Dadurch konnten sie sich etwas Trinkgeld verdienen. Bei dieser Gelegenheit lernten sie außerdem noch die Töchter der Neuankömmlinge kennen.

Derlei Geschichten gäbe es noch viele zu erzählen. Alle Mädchen und Jungs in diesem Alter haben Ähnliches erlebt. Solche Erlebnisse gehören in der Jugend dazu und bleiben als süße Erinnerungen im Gedächtnis gespeichert. Man könnte meinen, wir hätten nichts anderes im Kopf gehabt als Mädchen. Aber das stimmt so nicht. Wir wollten Goethe lediglich in nichts nachstehen, außer auf dem Gebiet der Literatur natürlich.

Der harte Winter 1955/56 hatte Rügen in Mitleidenschaft gezogen. Die Ostsee war zugefroren, soweit das Auge reichte. Am Strand türmten sich Eisschollen zu Bergen auf. Es hatte in der Nacht nicht mehr geschneit als woanders. Jedoch war es für den Sturm ein Leichtes gewesen, die lockeren Schneemassen von der riesigen Eisfläche erbarmungslos über die Strandpromenade gegen die Häuserfront bis in die Stichstraßen zu blasen. Ich erinnere mich noch, als eines Morgens an der Strandpromenade die Schneewehen bis an die Fenster im ersten Stock reichten. Überall sah man Leute Schnee schippen. Zu den Hauseingängen führten lediglich schmale, mannshohe Wege.

Im ganzen Haus Bundestreue war es lausig kalt. Seit Wochen wurde das Gebäude nicht mehr geheizt, weil die Kohlen nicht geliefert wurden. Auf meinem Nachttisch war das Tintenfass eingefroren, die gemeinsamen Toiletten ebenfalls. Lediglich im Gemeinschaftsraum war es noch erträglich. Dort saßen wir abends immer zusammen und diskutierten, was wir dagegen unternehmen könnten. Alle behielten ihre warmen Sachen an und gingen damit auch ins Bett. Einige schlugen sich mit Erkältungen herum. Hans-Joachim bekam eine Lungenentzündung, die er einige Wochen zu Hause auskurieren musste. Warum wurden die dringend benötigten Kohlen nicht geliefert, fragten wir uns. Waren die

Straßen verschneit? Oder fehlte es nur an Räummaschinen? Wir haben es nie erfahren.

Ich vermute, unsere damalige Internatsleiterin hatte alles unternommen, um den zuständigen Stellen die unzumutbare Situation klarzumachen. Nachdem nichts geschah, ergriffen die Internatsschüler die Initiative. Moses und Hans-Joachim wurden beauftragt, den stellvertretenden Direktor und Schulinspektor beim Rat des Kreises in seiner Binzer Wohnung aufzusuchen. Er hörte sich die Klagen an. Es passierte abermals nichts, obwohl schon viele Jungs krank waren. Die Situation war unerträglich geworden. Wir sahen uns nun gezwungen zu handeln. Hans-Joachim setzte ein Schreiben an die Schulleitung auf, in dem angekündigt wurde, dass den Internatsschülern, angesichts der Untätigkeit der Zuständigen, nichts anderes übrig bliebe, als das Internat zu verlassen und auch dem Unterricht fernzubleiben. Wir trafen uns alle abends im Aufenthaltsraum. Moses stellte sich auf einen Tisch und verlas das Schreiben. Es wurde einstimmig angenommen. Am nächsten Morgen schloss uns die Internatsleiterin die Haustür auf, damit wir nach Hause fahren konnten. Wir hatten uns entschlossen, das Internat nicht mehr zu betreten, bis es wieder geheizt würde.

Die Fahrschüler waren gerade auf dem Weg zur Schule, als sie von unserem Streik erfuhren. Ich weiß nicht mehr, ob aus Solidarität oder aus welchen Gründen sonst, sie sich spontan entschlossen, ebenfalls dem Unterricht fernzubleiben. Das war allerdings nicht in unserem Sinne und führte anschließend zu allerlei Spekulationen.

Ich hatte am Sonntag einen Ringkampf und musste schon deswegen nach Binz fahren. Schlimmer noch, ich hatte meine Sportschuhe im Internat vergessen. Das Wetter zeigte sich mit etwas Sonnenschein von seiner besseren Seite. Nanu, die Tür zum Internat stand offen, fiel mir gleich auf. Ich stieg leise die Treppe in den ersten Stock hoch und sah im Flur fremde Männer mit einem meiner Mitschüler reden. Da fiel mir ein, einige Schüler wohnten zu weit entfernt, um am Samstag im Anschluss an den Unterricht nach Hause zu fahren. Einer der Männer kam sofort auf mich zu. Er wollte wissen, wer ich sei und was ich im Internat suche. Ob ich Internatsschüler bin, fragte er.

„Nein", log ich.

Ich reagierte instinktiv richtig und sagte:

„Ich komme aus Zirkow und möchte lediglich meine Sportschuhe abholen, die ich meinem Freund geliehen habe."

„Na, dann zeigen Sie mir mal sein Zimmer."

Ich griff unter mein Bett, schnappte mir die Schuhe und bedankte mich. Er ließ mich tatsächlich gehen. Längst ahnte ich, dass die fremden Männer mit Hüten und den typischen langen Mänteln von der Stasi sein mussten. Obwohl wir alle geschworen hatten, nichts nach außen dringen zu lassen, war etwas durchgesickert.

Ich weiß nicht mehr wann genau, aber nur wenige Tage später flatterte meinen Eltern ein Brief vom Schulamt ins Haus:

„Wenn Ihr Sohn nicht bis zum … wieder am Schulunterricht teilnimmt und nicht im Internat erscheint, wird er von der Oberschule verwiesen." Das hätte einen tiefen Einschnitt in unser Leben bedeutet. Zähneknirschend erschienen alle wieder zum Unterricht und die Internatsschüler im Internat. Mittlerweile hatte schönes Wetter das Problem mit der fehlenden Heizung entkräftet.

Der Fall war damit aber noch nicht zu Ende. Es wurde nach verdächtigen Personen gefahndet:

Wer hat das Internat aufgeschlossen?

Wer war der Schreiber des Briefes?

Wer hat das Schreiben verlesen?

Vermutlich nahm man bei den höheren Stellen an, hier seien Agenten aus dem Westen am Werk gewesen, die einen großen Aufstand anzetteln wollten. In Wirklichkeit gab es für unseren Streik keinen politischen Hintergrund.

Die Internatsschüler bekamen Auflagen: Schularbeit nur noch unter Aufsicht eines Lehrers und von Lehrern kontrollierte Freizeit.

Es wurde uns von oben sogar ein Basketballturnier zwischen mehreren Schülermannschaften und einer Lehrermannschaft als Therapie verordnet.

Eine bewährte Methode, um rebellierende Jungs von etwas abzulenken, denke ich heute. Egal, wir haben das Turnier durchgestanden. Das Endspiel haben die Lehrer gewonnen, wobei ein Mitschüler beide Schneidezähne verlor.

Rückblickend war es für alle Schüler eine Genugtuung, dass alle geschwiegen hatten, auch in den Einzelverhören. Einer unserer Lehrer unterstützte die Vermutungen der Ermittler und betitelte unseren Streik als einen faschistischen Versuch. Dafür hat er sich später auf einer Versammlung offiziell entschuldigen müssen. Nach einigen Wochen war von der Abteilung Volksbildung des Kreises ein Offizieller erschienen, der im Verlauf einer Aussprache erstaunlicherweise auf unserer Seite stand. Danach wurden die Auflagen aufgehoben.

Wie leicht hätten wir es gehabt, wenn unser Streik in der BRD stattgefunden hätte. Das wäre ein Fressen für die Journalisten gewesen und die Presse hätte den Verantwortlichen mächtig eingeheizt.

20 Bewerbung

Der Tag rückte immer näher, an dem meine Mutter und ich dem Vater in den Westen folgen wollten. Das sollte kurz nach meiner Abschlussprüfung an der Oberschule geschehen. Meine Schwester war unentschlossen. Sie hatte als Lehrerin ihr Auskommen und vor allem einen großen Bekanntenkreis, den sie nicht aufgeben wollte. Vielleicht dachte sie, sie könne später nachkommen. Die Berliner Mauer war damals in den Köpfen der Menschen noch nicht vorstellbar.

Ich hatte mich zum Schein in Berlin an einer Fachschule für landwirtschaftliche Technik beworben. Damit sollte jenen Spitzeln der Wind aus den Segeln genommen werden, die sich zusammenreimten, der Sohn würde umgehend dem Vater in den Westen folgen. Meine Mutter verbreitete überall, dass ihre Kinder nicht von Rügen wegwollten und sie deshalb auch bliebe.

Nachdem ich meine Bewerbung in Berlin eingereicht hatte, wurde ich eingeladen, mich persönlich vorzustellen. Zum Termin fuhr ich zunächst zu meinen drei Cousins nach Bergen, um dort mein Motorrad abzustellen. Dann ging es per Bahn bis nach Berlin. Die Vorstellung bestand lediglich aus einer mündlichen Prüfung. Mit Schrecken denke ich noch heute daran zurück. Meine technische Neigung interessierte die Prüfungskommission nicht im Geringsten. Ich hatte mich für das Fach landwirtschaftliche Technik beworben. An diesem Studium gefiel mir besonders, dass vormittags theoretischer und nachmittags praktischer Unterricht in Werkstätten geboten wurde. Doch die Technik kam nicht zur Sprache. Stattdessen fragten sie mich intensiv über den Bauernkrieg und die Oktoberrevolution aus. Immerhin hatte ich schon vorher eine gewisse Ahnung gehabt, was sie von mir hören wollten, und ich bestand die Prüfung trotzdem.

Zurück nach Rügen brauchte der Nachtzug eine Ewigkeit. Die Unterhaltung mit den Mitreisenden ließ jedoch keine Langeweile aufkommen. Heute, im Zeitalter der Handys und Laptops, sind die Reisenden eher Selbstunterhalter. Eigentlich schade.

Nach Mitternacht traf ich endlich in Bergen ein. Um meine Cousins nicht aus dem Schlaf zu reißen, schlich ich mich leise hinters Haus, um mein Motorrad aus dem Schuppen zu holen. Schon beim Herunterbocken merkte ich, dass etwas nicht stimmte. Das Vorderrad schlingerte beim Schieben. Mir wurde sofort klar, was geschehen war. Horsti, mein jüngster Cousin, hatte das Motorrad während meiner Abwesenheit benutzt – ohne Führerschein.

Im fahlen Licht der einzigen Straßenlaterne entdeckte ich das Malheur. Ein Bolzen der Federgabellenkung war gebrochen. Ich wollte das Motorrad auf keinen Fall 9 Kilometer bis nach Zirkow schieben und überlegte, ob ich klingeln sollte. Aber das hätte nichts gebracht.

Um keinen Lärm zu machen, schob ich die Maschine einige Meter vom Haus weg. Ich hatte mich entschieden, die Abkürzung durch den stockdunklen Park zu nehmen, denn um diese Nachtzeit waren Spaziergänger unwahrscheinlich. Und der Weg war so breit wie eine Straße.

Dann startete ich den Motor. Na, wenigstens der funktionierte, freute ich mich und fuhr ein Stückchen in den Park hinein. Die Maschine ließ sich nur mühsam im Gleichgewicht halten, doch ich hatte keine Wahl. Ich schaltete den Scheinwerfer ein und gab vorsichtig Gas.

Kaum war ich hundert Meter gefahren, sah ich einen Arm hinter einem Alleebaum hervorragen, der aufgeregt winkte. Eine Person schien sich dahinter verstecken zu wollen. Das sah sehr witzig aus, weil der Baum als Versteck viel zu dünn war. Kein

Zweifel, die weiß behandschuhte Hand gebot mir zu halten. Zu dieser späten Stunde noch ein Polizist unterwegs, fragte ich mich ungläubig. Als ich ihn passierte, stand fest, es war einer. Meine vom Fußballspielen trainierten Reflexe reagierten schnell: Licht aus, Gas geben und nichts wie weg.

Ich musste mit allem rechnen. Das Nummernschild konnte er bei dem schwachen Licht, in nur einer Sekunde, unmöglich entziffert haben, beruhigte ich mich. Informiert er jetzt per Funk seine Dienststelle? Würden die mit Fahrzeugen ausschwärmen, um mich zu stellen?

Fragen hin Fragen her, ich musste auf jeden Fall durch das Stadtzentrum, um nach Zirkow zu gelangen. Als ich den Stadtrand von Bergen erreichte, bog ich sicherheitshalber in einen Feldweg ein, lenkte mein Motorrad durch die Maueröffnung eines Neubaus, schaltete den Motor aus und lauschte. Als etwa eine Stunde lang kein Polizeiauto zu hören war und auch sonst alles ruhig blieb, traute ich mich aus meinem Versteck heraus und fuhr weiter nach Zirkow.

21 Meine Flucht

Nördlich von Binz lag in einem Sperrgebiet das geheimnisumwobene Prora. Strandspaziergänger, die dort hinwollten, standen bald vor Schildern: „SPERRGEBIET, Unbefugten ist das Betreten, Befahren und die bildliche Darstellung verboten. Zuwiderhandlungen werden bestraft."

Im Süden beginnt die Steilküste, die sich bis nach Sellin und weiter nach Göhren hinzieht. Wir Internatsschüler wanderten dort oft auf dem Hochuferweg. Oder wir versuchten, das unwegsame Gelände auf Fahrrädern zu bewältigen. Der schmale Pfad schlängelt sich am Buchenwald entlang und nähert sich stellenweise gefährlich der Abbruchkante. Die Ostsee hatten wir immer im Blick. Tief unten der schmale Sandstrand, stellenweise mit Feuersteinen übersät. Ab und zu ragen große Findlinge aus dem Wasser. Wir gingen quasi an der Staatsgrenze der DDR entlang, am äußersten Zipfel der Republik. Bewusst wurde uns das aber erst, als wir berittene Grenzpolizisten entdeckten, die mit Ferngläsern die Ostsee absuchten. Mittlerweile war die Benutzung von Luftmatratzen und Booten beim Baden verboten worden. Gerüchte machten die Runde, dass einigen damit die Flucht gelungen sei. Auch ich hatte mir schon ausgemalt, wie ich es anstellen könnte, auf diese Art und Weise zu fliehen. Aber noch war der bequeme Fluchtweg über Berlin offen.

Die letzte Prüfung an der Oberschule war vorüber, und das sollte gefeiert werden. Wir freuten uns auf das Abschlussfest im Dünenhaus. Die imposante Villa, 1902 erbaut im Stil der Bäderarchitektur, lag an der Strandpromenade unweit des Kurhauses.

Alle waren gekommen, Lehrer wie Absolventen, nur mein Freund Klaus Rehmer nicht. Bei bester Stimmung, Getränken und Musik drehte sich die Unterhaltung um unsere Zukunft.

Einige wollten studieren, andere lieber einen Beruf erlernen. Nur ich hatte noch keine konkreten Pläne. Immerhin hatte ich mich kurz vorher an der Fachschule für landwirtschaftliche Technik in Berlin beworben, wenn auch bloß zum Schein. Diese Geschichte gab ich nun vor meinen Freunden und den Lehrern zum Besten. So würde bestimmt niemand annehmen, ich hätte ernsthafte Fluchtabsichten.

Die Zeit verrann, draußen war es schon dunkel. Meine Gedanken kreisten ständig um den kommenden Tag. Ich versuchte, möglichst gelassen zu bleiben. Doch in meinem Kopf rumorte es. Zunehmend wurde mir schmerzlich bewusst, dass ich sie alle nie mehr wiedersehen würde. Andererseits musste ich mit meiner Mutter dem Vater in den Westen folgen, sonst wäre unsere Familie für immer zerbrochen.

Die Konsequenzen meiner bevorstehenden Flucht wurden mir immer klarer. Die Insel Rügen war meine Heimat. Ihre Landschaft hatte sich wie ein Schatz in meine Seele gegraben, die sanften Hügel, die Wälder und Felder. Hie und da Baumgruppen, darunter lagen Gräber aus der Steinzeit. Einen Abschied von allem, was mir lieb geworden war, den Freunden, den Sportkollegen, den Lehrern und nicht zuletzt der Insel, konnte ich mir noch nicht vorstellen.

Ich liebte nicht nur Rügens Sehenswürdigkeiten, wie die berühmten Kreidefelsen, die Feuersteinfelder und das Mönchgut. Auch die unberührte Landschaft im Innern der Insel mit dem Sanddorn, dem gelben Ginster und der üppigen Flora in den Mooren zog mich magisch an.

Unzählige Male war ich schon die Straße zwischen Zirkow und Binz gefahren, durch herrliche Buchenwälder, die sich im Frühling mit einem weißen Teppich aus Anemonen schmückten. In Pantow an schilfgedeckten Bauernkaten vorbei, darunter der berühmte Zuckerhut, erbaut um 1700. Vor Serams öffnete sich der Blick auf goldgelb leuchtende Kornfelder. Und mit etwas Glück dampfte gerade die Kleinbahn quer über die unbeschrankte Straße.

Meine Gedanken kreisten um mein Fernweh, das mich schon als Kind in Zirkow gelegentlich heimgesucht hatte. Wenn ich auf der Dorfstraße niemanden zum Spielen antraf, streunte ich weiter bis zur Sandkuhle am Dorfrand. Diese war durch Sand- und Kiesabbau für das Projekt Prora in einem riesigen Berg entstanden. Alle Häuser von Zirkow hätten darin Platz gehabt. Dort erklomm ich den Abhang, um auf meine Birke zu klettern. Vom Hochsitz hatte ich einen Blick übers Moor bis nach Rügens Hauptstadt. Der Berg und die Sandkuhle sind mittlerweile durch zwei große Baggerseen verdrängt worden.

Mit etwa elf Jahren war ich schon wesentlich mutiger und lief allein querfeldein bis zum Bakenberg zwischen Viervitz und Posewald, auf dem in alten Zeiten Signalfeuer brannten, die den Schiffen den Weg wiesen. Eigentlich ist er kein Berg, sondern eine Hügelformation, die man auch Rügener Jungfrau nennt, weil ihre beiden Erhebungen an einen Busen erinnern. Auf dem Gipfel belohnte mich ein Blick bis zum Rügischen Bodden. Ein ähnliches Fernweh muss meinen Großvater bewogen haben, als Matrose auf einem Dreimaster jahrelang über die Weltmeere zu segeln. Solche Erinnerungen gingen mir damals durch den Kopf.

Meine Gedanken kehrten wieder in die Gegenwart zurück, die Augen suchten den Saal nach meinem Freund ab. Aber Klaus war noch nicht aufgetaucht. Allmählich beschlich mich ein Verdacht. War der schon in den Westen abgehauen, ohne mir etwas zu sagen?

Um meinen Abschiedsschmerz zu betäuben, hatte ich während der Feier Schnaps getrunken – zu viel, denn ich begann plötzlich zu plaudern. In mir hatte sich etwas angestaut. Warum durfte ich nicht darüber sprechen, dass ich mich entschieden hatte, an einem anderen Ort auf unserem Erdball zu leben? Am liebsten hätte ich meine Wut in den Saal geschrien. Stattdessen sagte ich mit lallender Stimme, aber für die Lehrer um mich herum verständlich genug: „Morgen haue ich in den Westen ab." Dabei sah ich meinem Klassenlehrer in die Augen, der dicht vor mir auf einem erhöhten Absatz stand. Ich mochte ihn. Mit ihm konnte man über alles reden. Er schaute mich ruhig an. Über sein Gesicht glitt ein mitleidiges Lächeln, das man einem Betrunkenen entgegenhält, den man nicht für voll nimmt. Die anderen Lehrer taten so, als hätten sie nichts gehört. Meine Mitschüler wechselten plötzlich das Thema und versuchten, mich durch allerlei Gesten zum Schweigen zu bringen. Während ich immer noch über mein Vorhaben redete, zog mich ein Mädchen aus unserer Klasse am Arm:

„Komm! Du brauchst etwas frische Luft." Sie schob mich resolut vor sich her. Draußen war es schon dunkel. Entschlossen dirigierte sie mich über die Strandpromenade zu dem schmalen Pfad, der über die Dünen zum Strand führte, bis zu einem offenen Strandkorb. Sie setzte sich neben mich und machte mir Vorwürfe, warum ich das alles vor den Lehrern ausgeplaudert habe. Unter Tränen befreite ich mich von meinem Kummer, indem ich ihr stockend alles erklärte. Sie glaubte mir, was mich tröstete. Besorgt sagte sie:

„Warte bitte hier, ich hole Dir einen Kaffee, dann kommst Du wieder zur Besinnung."

Die Tränen hatten mir gutgetan. Ich atmete tief die frische Seeluft ein. Ein letztes Mal lauschte ich der Symphonie der Ostsee, dem Plätschern der Wellen im Wechsel mit dem Atem des Windes. Mein Blick schweifte hinüber zu den Lichtern von Saßnitz. Wenn alles gut ging, würde ich morgen in Berlin sein und Rügen für immer verlassen haben. Könnte ich mich jemals wieder in der Heimat sehen lassen, fragte ich mich, denn ich hatte auf Staatskosten die Oberschule besucht und sogar ein Stipendium erhalten. Ich stand in der Schuld des Staates und wusste nicht, wie man mit mir umgehen würde.

Sie war immer noch nicht zurück. Nur für einen Augenblick keimte Misstrauen in mir auf. Nein, nein, sie würde niemals …, beruhigte ich mich. Als sie plötzlich vor mir stand, zuckte ich zusammen. Der Kaffee besserte schnell meinen Zustand. Nachdem ich ihr meinen Fluchtplan anvertraut hatte, fühlte ich mich erleichtert. Freundschaftlich gingen wir Arm in Arm zurück. Im Dünenhaus taten alle so, als sei nichts gewesen. Hatten die Lehrer tatsächlich geglaubt, ich hätte im Alkoholrausch nur Unsinn geredet? Oder wollten sie lieber nichts gehört haben?

Die Feier ging zu Ende. Ich war mit dem Fahrrad von Zirkow gekommen, denn mein Motorrad hatte ich schon an einen Russen verkauft. Zurück durch die Nacht musste ich nun strampeln. „Meine letzte Fahrt auf dieser Strecke in der Heimat", ging mir durch den Kopf. Zu Hause schlich ich in meine Kammer und schlief tief und fest, bis mich am Morgen klapperndes Geschirr aus der Küche weckte.

Meine Schwester Rita kam im Laufe des Vormittags aus Karow. Sie wollte den letzten Tag mit meiner Mutter und mir verbringen. Es war alles abgesprochen. Meine Mutter würde am nächsten Tag die DDR verlassen – abhauen, wie man das damals salopp nannte. Unter dem Vorwand, ihre Verwandten zu besuchen, wollte sie den ersten Zug von Bergen nach Berlin nehmen. Im Gepäck hatte sie ein Geschenk und eine Glückwunschkarte zur Silberhochzeit meiner Cousine in Potsdam. Der Anlass war zwar erfunden, aber für eine mögliche Kontrolle war sie gewappnet. Von Potsdam wollte sie dann mit der S-Bahn weiter nach Westberlin-Charlottenburg zu Bekannten fahren.

Ich brachte Rita noch zur Bushaltestelle. Dort traf sie Freunde, mit denen sie sich lebhaft unterhielt. Als der Bus kam, reichte sie mir nur flüchtig die Hand, drehte sich um und stieg schnell ein. Jahre später gab sie mir gegenüber zu, wie miserabel sie sich anschließend gefühlt hatte. Erst zu Hause in Karow wurde ihr schmerzlich bewusst, dass es unter Umständen ein Abschied für immer sein könnte. Tröstlich war ihr der Gedanke, uns jederzeit in den Westen folgen zu können, denn noch war das Schlupfloch über Westberlin offen. All das gestand sie mir erst, als dieses Buch entstand.

Für meine Flucht hatte sich eine einmalige Gelegenheit geboten: Mein Ringerverein hatte mich überraschend nominiert, an den DDR-Meisterschaften der Jugend in Berlin-Babelsberg teilzunehmen. Allerdings nur als Ersatzmann, falls der Hauptakteur im letzten Augenblick ausfallen sollte. Das war mir alles egal, denn damals gab es kaum eine andere Möglichkeit, ohne triftigen Grund nach Berlin zu kommen. Hauptsächlich junge Leute wurden schon auf dem Weg dorthin kontrolliert und nach den Reisezielen befragt. Für mich stand fest: Diese einmalige Chance zur Flucht in den Westen würde ich mir nicht entgehen lassen.

Der kleine Bus des Ringervereins fuhr noch am selben Tag in Binz ab, um mich am späten Nachmittag in Zirkow abzuholen. Ich war der Letzte, der in den Bus einstieg, und der Einzige mit einem Koffer. Junge Männer saßen mir gegenüber, die ich vom Training flüchtig kannte, aber auch einige Fremde – vermutlich Organisatoren des Vereins. Den Koffer hatte meine Mutter für mich gepackt. Ich hatte lediglich noch meine Zeugnisse, diverse Sporturkunden, einige Aquarelle und für mich wichtige Fotos hineingeschmuggelt.

Der Bus fuhr in die Nacht hinein. Während der Fahrt frotzelten einige über meinen Koffer:

„He, abhaun, wa?", spotteten sie im Berliner Dialekt, den die Rügener Jungs schon immer nachgeäfft hatten. Meine Ausrede war jedoch plausibel genug, nämlich, meine Ferien bei meiner Cousine in Potsdam verbringen zu wollen. Damit schienen sie sich zufriedenzugeben. Der kleine, in die Jahre gekommene Bus quälte sich langsam über die schlechten Straßen. Ich versuchte, der Unterhaltung der anderen zu folgen. Aber die Fahrgeräusche übertönten die Gespräche. Außerdem unterhielten sie sich in gedämpftem Ton, als ob ich nichts mitbekommen sollte. Die wenigen Wortfetzen, die ich verstand, nährten jedoch mein Misstrauen.

„Die sind also tatsächlich von der Stasi", ging mir durch den Kopf, während ich die Augen geschlossen hielt und Müdigkeit vortäuschte. Bereits in Grimmen war eine Übernachtung geplant, worüber ich nicht informiert war.

Einer der fremden Männer bot mir an, bei ihm zu übernachten. Offenbar hatte er in Grimmen eine Wohnung. Ich folgte ihm und er zeigte mir im Obergeschoss seines Hauses mein Zimmer. Den Koffer könne ich unten stehen lassen, sagte er.

„O Gott, wenn der meinen Koffer aufmacht und die Zeugnisse, Sporturkunden und die Fotos entdeckt." Dann müsste ihm doch ein Licht aufgehen, dass ich diese Unterlagen nicht nur mitgenommen habe, um sie meinen Verwandten in Potsdam zu zeigen. Längst war mir klar geworden, die müssen alle von der Stasi sein, möglicherweise der gesamte Sportverein. Das hatte ich schon früher geahnt, aber immer verdrängt, weil mich nur die Sportler interessierten und der Sport als solcher. Ehrlich gesagt war mir damals noch unklar, was genau der Staatssicherheitsdienst für Aufgaben hatte. Die DDR vermittelte lediglich das Bild, sie würde ihre Bürger schützen, beispielsweise vor westlichen Saboteuren und Agenten.

Nach dem, was ich während der Unterhaltung im Bus mitbekommen hatte, bestand kein Zweifel mehr. Aber ein Zurück gab es für mich nicht mehr, da musste ich nun so oder so durch.

Am nächsten Morgen beschlichen mich die schlimmsten Befürchtungen, von meinem Gastgeber verhört zu werden. Ich hatte mir schon allerlei plausible Ausreden ausgedacht. Aber nichts dergleichen geschah. Er grüßte freundlich und lud mich zum Frühstück ein. Anschließend stiegen wir wieder in unseren Bus nach Babelsberg. Alle hatten schon Trainingsanzüge und Sportschuhe an, weil es gleich nach der Ankunft mit den Vorbereitungen losgehen sollte.

Als wir nachmittags in Babelsberg eintrafen, ließ ich absichtlich meinen Koffer im Bus stehen – schließlich war ich nur der Ersatzmann. Lediglich die Sporttasche hatte ich bei mir. Zusammen mit den anderen betrat ich die riesige Motor-Sporthalle, wo schon geschäftiges Treiben herrschte. Ich wusste, zum Zeremoniell solcher Veranstaltungen würden zunächst Reden gehalten. Außerdem gehörte der obligatorische Umzug in der Halle dazu – mit Fahnen, Hymnen und so weiter.

Kurz bevor der Umzug beginnen sollte, entschuldigte ich mich unter dem Vorwand, im Bus etwas vergessen zu haben, und begab mich zum Ausgang. Auf dem Weg dorthin betete ich, der Busfahrer möge noch hinter seinem Lenkrad sitzen. Mir fiel ein Stein vom Herzen, als ich ihn aus der Ferne Zeitung lesend durch die Frontscheibe erkannte.

„Mein Koffer ist noch im Bus, da sind meine Sportsachen drin", rief ich ihm atemlos durchs offene Seitenfenster entgegen. Er zeigte mürrisch mit den Daumen nach hinten und wandte sich wieder seiner Lektüre zu.

Ich schnappte mir den Koffer und warf noch einen prüfenden Blick auf den Eingang der Motor-Sporthalle. Niemand schien mir gefolgt zu sein. So wie ich war, im Trainingsanzug und in Sportschuhen, schlich ich im Schatten der Häuser zur nächsten Haltestelle der Straßenbahn, die zufällig in der Nähe lag. Ich stellte meinen Koffer ab und versuchte, mich möglichst unauffällig zu verhalten. Dem Zufall sei gedankt, da kam sie schon. Damals konnte man den Fahrschein noch direkt beim Schaffner lösen. Wie schon erwähnt, in der DDR fiel jemand in Sportkleidung auf den Straßen nicht weiter auf. Lediglich mein Koffer passte nicht ins Bild. Ich hatte keine Zeit, mich zu erkundigen, wohin die Linie fuhr. Nur schnell weg, war mein einziger Gedanke. Erleichtert sah ich sie kommen. Es war glücklicherweise die richtige, wie ich bald an den Häuserzeilen erkannte. Sie hielt exakt dort, wo ich hin wollte, in der Friedrich-Ebert-Straße.

„Wo kommst Du denn her", empfing mich meine überraschte Cousine Charlotte. Auf keinen Fall hätte ich meinen Besuch vorher ankündigen dürfen, weder telefonisch noch per Post. Das wäre viel zu gefährlich gewesen.

„Jetzt setz Dich erstmal, Du hast doch bestimmt Hunger", sagte sie mit einem Lächeln, das ich so mochte. Als ich beim Essen meine Geschichte offenbarte, wurden ihre Augen immer größer. Sie rief nach ihrem Mann, der in seiner Werkstatt Pokale gravierte. Auch Werner wurde ernst, als er von meinem Fluchtplan erfuhr. Die Angst stand beiden ins Gesicht geschrieben. Heute weiß ich, zu Recht, denn mit Sicherheit war in der Zwischenzeit mein Verschwinden in der Babelsberger Motor-Sporthalle bemerkt worden. Außerdem wussten sie, dass ich Verwandte in Potsdam besuchen wollte. Daraus die richtigen Schlüsse zu ziehen, war der Stasi auch damals schon zuzutrauen. Ich profitierte offenbar von der Tatsache, dass die Technik noch nicht so weit war, sonst hätte man durch ein paar Anrufe die

Adresse meiner Verwandten in Potsdam schnell herausfinden können. Das alles ahnte der viel erfahrenere Werner, der mich nun auf schnellstem Wege loswerden und zum Potsdamer S-Bahnhof bringen wollte.

Aber vorher musste ich noch meinen Trainingsanzug gegen den „guten" Anzug aus meinem Koffer wechseln.

Als ich in die S-Bahn einstieg, stellte ich meinen Koffer in der Nähe der Tür ab und setzte mich weiter entfernt auf eine Bank, den Koffer immer im Blick. Aus meiner heutigen Sicht naiv von mir, denn in meinem Koffer befanden sich genügend Beweisstücke, sogar mein Ausweis mit Foto, dass nur ich sein Besitzer sein konnte. Vielleicht hätte ich dadurch einen kleinen Zeitvorsprung gehabt, um unbemerkt zu verschwinden. Wie auch immer, jedenfalls waren meine Nerven aufs Äußerste angespannt. Noch befand ich mich in der DDR. Ich versuchte, so gleichgültig wie möglich aus dem Fenster zu blicken, und konzentrierte mich auf das monotone Rattern der Räder. Erleichtert vernahm ich aus dem Lautsprecher „Bahnhof Zoo". Eilig griff ich nach meinem Koffer und zählte die Sekunden, bis sich endlich die Türen öffneten. Freudig stieg ich aus, schwenkte fröhlich meinen Koffer und eilte zum Ausgang. Von Weitem erkannt ich parkende VW-Käfer und dachte, ich sei schon in Westberlin. Dass ich mich immer noch auf dem Hoheitsgebiet der DDR befand, hätte ich in Erinnerung an den Kaugummi kauenden Jungen eigentlich wissen müssen. Es war mir entfallen, weil ich die Logik dahinter nicht verstand. Zum Glück hielt mich in dem Gedränge niemand davon ab, den Bahnhof zu verlassen.

Meine Mutter erwartete mich in Berlin-Charlottenburg bei der Familie Knapp, Freunden meiner Eltern aus der Stettiner Zeit. Um dort hinzukommen, fragte ich mich zu Fuß durch. Endlich konnte ich meine Mutter, die wenige Stunden vor mir eingetroffen war, in die Arme schließen. Sie hatte Glück gehabt und war nicht kontrolliert worden.

Ob mein Vater auf Umwegen über unsere Flucht informiert war, weiß ich nicht mehr. Er lebte schon seit über einem Jahr in Bayern, in Landsberg am Lech, wo er in der Gärtnerei Wiedemann arbeitete. Den Beruf des Gärtners hatte er noch gelernt, bevor er in Stettin die Polizeischule besuchte. Ihn schon vorher von unserer Fluchtabsicht zu unterrichten, hätte uns verraten..

22 Angekommen

Die Familie Knapp war nicht arm, das sah man dem pompösen Bungalow und dem Mobiliar an. Allein der gepflegte Vorgarten war eine Augenweide. Sie bewirtete uns fürstlich. Frau Knapp, die ehemalige Sekretärin meines Vaters, wollte vor allem wissen, wie es ihm in der Gefangenschaft ergangen war. Solche Informationen tauschte man vorsichtshalber nicht per Telefon oder per Brief aus. Nach Kaffee und Kuchen musste Herr Knapp dringend zu seiner Arbeit zurück. Er war Bauunternehmer und lud mich ein, ihn zu begleiten. Anscheinend wollte er mir einmal demonstrieren, was man im kapitalistischen Westen unter richtiger Arbeit versteht.

Mit seinem VW-Käfer raste er nervös durch den Berliner Berufsverkehr, von einer Baustelle zur anderen. Vom Beifahrersitz aus beobachtete ich schwitzend, wie er die anderen Autofahrer andauernd beschimpfte und deren Fahrspur schnitt. Von meiner Mutter wusste ich, dass die Knapps keine Kinder hatten und auch sonst kein Erbe in Sicht war, der die kleine Baufirma hätte weiterführen können. Kurzum, sie spielten mit dem Gedanken, dass ich eines Tages die Firma übernehmen sollte. Dazu kam es Gott sei Dank nicht, denn es fand sich noch ein entfernter Verwandter.

Am nächsten Tag fuhr uns Herr Knapp zum Aufnahmelager für Flüchtlinge in Marienfelde. Dort mussten wir zunächst eine bürokratische Aufnahmeprozedur über uns ergehen lassen. Ein Amerikaner verhörte mich und wollte wissen, wie viele Panzer ich auf Rügen gesehen hätte. Keinen, antwortete ich. Den einzigen, den ich bis dahin hautnah zu Gesicht bekommen hatte, war ein russischer Panzer, als dieser bei Ende des Zweiten Weltkriegs im Mai 1945 in Zirkow auf den Dorfplatz fuhr. Auf Rügen sah man gelegentlich Staubwolken am Horizont, die möglicherweise von Panzern auf einem Übungsgelände stammten.

Wir bekamen im Aufnahmelager eine winzige, aber saubere Wohnung zugewiesen. Die Bezeichnung Lager war damals schon nicht korrekt. An der Eingangspforte stand: Notaufnahmestelle für Flüchtlinge aus der DDR. Es handelte sich um eine große Siedlung des sozialen Wohnungsbaus, die dort in kurzer Zeit aus dem Boden gestampft worden war. Sie diente 1956 ausschließlich zur Aufnahme von Flüchtlingen aus der DDR. Zeitweise sollen dort täglich bis zu tausend Menschen eingetroffen sein.

Außer Warten auf unseren Flug in eines der Bundesländer der BRD konnte man mit der Zeit nicht viel anfangen. Vielleicht ist Klaus Rehmer auch hier gelandet, dachte ich und hielt die Augen offen. Aber wir sind uns auf dem riesigen Gelände nicht über den Weg gelaufen.

Hauptsächlich junge Leute lungerten gelangweilt auf den weiträumigen Grünflächen zwischen den Wohnblocks umher. Man lernte sich näher kennen und flirtete mit den Mädchen. So ging es auch mir. Ich freundete mich mit Roswitha an. Wir hatten alle das gleiche Problem, die Trauer um die Heimat und um die Freunde, die wir zurücklassen mussten. Roswitha und ich klammerten uns aneinander, weil uns ein ähnliches Schicksal verband. Ich begann damals aus Frust zu rauchen – Marke Golddollar.

Dass uns die Flucht geglückt war, durften wir weder postalisch noch telefonisch unseren Verwandten und Bekannten in der DDR mitteilen. Dadurch hätten sie in Verdacht geraten können, unsere Fluchthelfer gewesen zu sein. Trotzdem erfuhren wir auf Umwegen, dass die Wohnung meiner Eltern in Zirkow kurz nach unserer Flucht von der Stasi aufgebrochen worden war. Meine

Schwester fand das Wohnzimmer durchwühlt vor und nahm lediglich einige persönliche Dinge an sich, vor allem Fotos.

Selbstverständlich waren die Flüchtlinge in Marienfelde neugierig auf den Westen. Aber mehr, als die nähere Umgebung auszukundschaften, war nicht möglich. Es fehlte schlicht am nötigen Geld, um ins Zentrum zu fahren oder um im KaDeWe – Kaufhaus des Westens – einzukaufen. Lediglich bunte Ringelsocken und Pomade für die Haare leistete ich mir. Solch ein Outfit war damals typisch für einen Wessi. Den Ossi erkannte man eher am karierten Hemd.

Marienfelde lag am Rande von Berlin und bot nicht das, was wir uns von einer brodelnden Großstadt versprochen hatten. Zweimal noch besuchte ich zusammen mit Roswitha die Familie Knapp. Dann wurde sie mit ihrer Mutter nach Nordrhein-Westfalen ausgeflogen, wie man das damals nannte. Wir schrieben uns noch eine Weile Briefe, bis wir uns aus den Augen verloren.

Nach vier Wochen flogen wir mit einer amerikanischen Propellermaschine nach Stuttgart. Von dort aus ging es per Bahn weiter nach Schongau, wo wir einen längeren Aufenthalt hatten. Den nutzte meine Mutter, um mit mir in einem typisch bayerischen Restaurant zu essen. Mein erster Kontakt mit einem echten Bayern:

„Ein Bier bitte, Herr Ober."

„Kloa oder groaß?"

„Groß bitte." Ich, der Norddeutsche, hatte eine andere Vorstellung von klein und groß, wenn es um Bier ging. Aber nun stand ein Liter Bier vor mir – eine Mäß, wie mir der Ober erklärte. Er hatte längst bemerkt, dass ich ein Preuße bin, auf Bayrisch ein Preiß, noch exakter, ein Saupreiß. Ich registrierte schnell, mein Hochdeutsch wirkte auf die Bayern hochnäsig. Sie dagegen machten auf mich einen derben, aber offenen Eindruck. Hinterhältige Bayern habe ich niemals kennengelernt. Was sie denken, sagen sie auch. Und die wenigen Ausnahmen werden als hinterfotzig[14] abgestempelt. Sie dürfen sogar mit Schimpfwörtern öffentlich hochrangige Politiker verunglimpfen, ohne Konsequenzen befürchten zu müssen. In der DDR wäre man dafür unter Umständen hinter Gittern gelandet.

Danach wurden wir von einem Bus abgeholt, der uns in ein Aufnahmelager nach Altenstadt brachte. Dort lebten wir etwa vier Wochen lang. In meiner Freizeit erkundete ich zusammen mit anderen Jugendlichen aus dem Lager die nähere Umgebung. Ansonsten hingen wir in Gruppen herum, um uns zu unterhalten oder Fußball zu spielen. Der mit trockenen Gräsern bewachsene Wall am Burglachberg erinnerte an eine militärische Anlage. Wie ich erst kürzlich erfuhr, handelte es sich bei unserer Unterkunft um eine ehemalige Kaserne der deutschen Wehrmacht.

Ab und zu besuchte uns mein Vater. Da er nun schon ein Jahr in Westdeutschland lebte, dachte ich, er müsse genug Geld besitzen. So bat ich ihn eines Tages um fünf D-Mark. Wortlos zog er seine Geldbörse hervor, öffnete das Fach fürs Kleingeld und sagte:

„Damit komme ich nun schon eine Woche aus." Ich blickte konsterniert auf die kleinen Münzen und beobachtete ernüchtert, wie er sein Portemonnaie schnell wieder verschwinden ließ. Sparsam war er schon immer gewesen, aber er konnte auch großzügig sein, wenn er uns zu bestimmten Anlässen Geschenke machte. Das musste man ihm dennoch lassen.

---

[14] In Bayern und Österreich umgangssprachlich für hinterhältig oder hinterlistig.

Schließlich zogen wir nach Landsberg, in das Wohnhaus der Gärtnerei Wiedemann, wo mein Vater beschäftigt war. Die Familie überließ uns großzügig ihr Wohnzimmer im Erdgeschoss. Ich musste allerdings zusammen mit den Gärtnergehilfen in einem Anbau schlafen. Wie uns die Familie damals unterstützt hat, war bewundernswert. Klar, meine Mutter half dafür in der Küche beim Kochen. Und mein Vater fuhr mit dem Lastwagen über die Dörfer, um das Gemüse der Gärtnerei zu verkaufen. Dennoch, den Wiedemanns haben wir ungewöhnlich viel zu verdanken.

Unser Besitz, den wir aus der DDR mitnehmen konnten, bestand lediglich aus drei Koffern mit den wichtigsten Utensilien. Möglicherweise hatten mein Vater und meine Mutter einige Ostmark über die Grenze schmuggeln können. Aber dafür bekam man nur wenige D-Mark umgetauscht.

In den 50ern unterschieden sich manche Vergnügungen in der BRD wenig von jenen in der DDR. Die Jugend ging gerne aus, um zu tanzen. Soweit ich mich erinnere, gab es dazu in Landsberg vier Gelegenheiten. Entweder ging man in den Kratzer Keller, in die Glocke, ins Süßbräu oder oben am Bayertor ins Gasthaus Stadt München. Auch ich war oft dabei. Anfänglich allein, später mit meiner Frau, die ich beim Tanzen kennengelernt hatte. Die Tanzsäle waren brechend voll, viele mussten stehen. Das Vergnügen kostete nicht mehr als ein Getränk.

Zu der Zeit, als ich mit den Gärtnergehilfen bei den Wiedemanns in einem Anbau schlief, wohnte im Haus auch ein jung verheiratetes Paar. Es putzte sich jedes Wochenende heraus, um Tanzen zu gehen, und zwar getrennt. Sie hatten eine ungewöhnliche Beziehung, die aber scheinbar nicht darunter litt. Wenn um Mitternacht der Schneewalzer das Ende der Tanzveranstaltung ankündigte, ließen sie sich von ihren jeweils aufgegabelten Tanzpartnern nach Hause bringen. Wenn ich nach Mitternacht zufällig zeitgleich bei den Wiedemanns eintraf, wurde ich Zeuge, wie sich das Ehepaar glückselig in die Arme fiel. Dann erzählten sie sich ausführlich, was sie Großartiges erlebt hatten. Für sie war das getrennte Vergnügen offenbar kein Problem, denn solange ich die beiden kannte, war ihre Ehe immer stabil.

Einmal kam ich etwas früher vom Tanzen nach Hause. An der Straße parkte ein großer amerikanischer Schlitten. Im ersten Stock der Wiedemanns wohnte eine attraktive Blondine zur Miete, ein sogenanntes Zimmerfräulein. Sie arbeitete bei den Amerikanern und veranstaltete gelegentlich Partys. So auch dieses Mal. Aus dem Fenster dröhnten amerikanische Hits und fröhliches Lachen. Ich wollte schnell im Anbau verschwinden, um mich schlafen zu legen. Da kam jemand die Treppe herab, lud mich ein, und schon stand ich unter lauter lustigen Leuten mit einem Glas Whisky in der Hand. Ich holte mühsam mein Englisch hervor, das ich in der DDR statt Russisch gelernt hatte, und unterhielt mich stammelnd mit den Gästen. Ab einem bestimmten Alkoholspiegel war die Verständigung kein Problem mehr. Ein Amerikaner in Uniform sprach mich an. Den vielen Abzeichen nach zumindest ein Officer der Army. Er war nett und fragte mich über dies und jenes aus. Der riesige Schlitten vor dem Haus, ein Buick, sei seiner. Ob ich schon eine Fahrerlaubnis habe, fragte er. Ja, antwortete ich. Dass diese nur für Motorräder bis 125 cm³ Hubraum galt, verschwieg ich. Willst du mal mit meinem Auto fahren, fragte er unvermittelt.

„Yes, of course", antwortete ich mit leuchtenden Augen.

Als wir uns auf den Weg zu seinem Wagen machten, warf uns die Blondine einen Blick hinterher, den ich nicht vergessen werde. Lass den Jungen in Ruhe, war darin zu lesen. Was könnte mir schon passieren, beruhigte ich mich, denn ich war stark.

Er setzte sich hinters Lenkrad, startete den Motor und schaltete die Scheinwerfer ein. Aha, dachte ich, er will erst aus der Stadt hinausfahren, und dann darf ich mal. Noch nie hatte ich in einem solchen Schlitten gesessen. Ich lotste ihn den Berg zum Bayertor hoch, wo ich kurz zuvor zum Tanzen war. Vor dem Gasthaus Stadt München bog er in eine unbeleuchtete Gasse ein, stellte den Motor ab und löschte das Licht. Ich dachte, jetzt darf ich endlich und war auf dem Sprung, die Sitzplätze zu wechseln. Stattdessen suchte er im Radio nach Musik und legte einen Arm um mich. Wie warmherzig die Amerikaner doch sind, dachte ich bei mir. Er redete auf mich ein, aber ich verstand kein Wort. Plötzlich fragte er auf Deutsch:

„Du Großen?", wobei er mir mit der Hand zwischen die Beine griff. Ich erstarrte zur Salzsäule, umfasste sein Handgelenk und dirigierte es ans Lenkrad zurück. Dabei muss er gespürt haben, dass ich der Stärkere war, und ließ von mir ab. Ich hatte zwar schon davon gehört, dass es Männer gab, die Männer statt Frauen liebten, war aber bis dahin noch keinem begegnet. Die Situation wurde peinlich. Ich gab ihm zu verstehen, das würde alles unter uns bleiben.

„Ich gehe noch einmal tanzen", sagte ich so gleichgültig wie möglich und deutete auf den hell erleuchteten Tanzsaal gegenüber. Dann stieg ich aus. Er ebenfalls, offenbar hatte er noch nicht aufgegeben und begleitete mich.

An der Bar spendierte er mir großzügig Schnäpse. Vermutlich wollte er mich betrunken machen, um doch noch sein Ziel zu erreichen. Ich tanzte immer länger mit ein und demselben Mädchen, während er mich von der Bar aus mit den Augen verfolgte. Plötzlich war er verschwunden. Als ich bei den Wiedemanns eintraf, war die Party zu Ende und der Buick nicht mehr da.

Zum Tanzen ging ich immer allein. Kontakte mit meinen Tanzpartnerinnen waren flüchtiger Natur. Sie ließen sich anschließend zwar nach Hause bringen, aber nicht mehr.

Noch fühlte ich mich fremd in Landsberg. Ich litt darunter. Aber das beschauliche Städtchen am Lech gefiel mir. Ich durchkämmte sämtliche Gassen zu Fuß, denn ein Fahrrad konnten wir uns noch nicht leisten. Und das Mofa meines Vaters war sein Heiligtum, das er nicht verlieh.

In der Landsberger Altstadt herrschte immer reges Treiben, wie ich es aus der DDR nicht kannte. Die Schaufenster waren prall gefüllt. Bunt gekleidete fröhliche Menschen drängten sich auf den Märkten und in den Restaurants. Die alten Häuser strahlten farbenfroh wie neu gebaut. Manchmal ging ich am Bahnhofskiosk vorbei und leistete mir Zigaretten, ab und zu auch einen kleinen Flachmann mit Chantré, um meinen Frust hinunterzuspülen.

Diese Zeit war voller Trauer um alles, was ich verloren hatte und ohne Perspektive für meine Zukunft. Meine Eltern registrierten mein seelisches Tief und schickten mich zu Verwandten. Und derer gab es viele, sie hatten sich nach Kriegsende Westdeutschland als neue Heimat ausgesucht.

Unter anderem besuchte ich Tante Wanda in Mehlem bei Bonn, meine liebste Tante. Sie hatte fünf Söhne, davon waren zwei etwa in meinem Alter. Mit Gerhard und Hans-Joachim – seine Mutter nannte ihn Hänschen – verlebte ich eine für mich prägende Zeit. Durch sie lernte ich spielerisch das westliche Selbstbewusstsein verstehen. Hänschen, damals 14 Jahre alt, immer bei guter Laune, konnte schnell und mitreißend reden. Für ihn stand fest, er wollte Reporter werden. Später verloren wir uns aus den Augen, doch in unserer Verwandtschaft blieb sein Ruf als liebenswerter und hilfsbereiter Mensch bestehen.

Ich begriff meine Unsicherheit als Produkt der Erziehung in einem sozialistischen Staat. Mein Selbstbewusstsein erholte sich erst, als ich vom Sportverein Jahn in Landsberg aufgenommen wurde. Fußball spielen konnte ich, dadurch fiel es mir immer leichter, mich zu integrieren. Ich hatte plötzlich viele Freunde, Verehrer und Verehrerinnen. Nach den Spielen traf man sich gerne in Kneipen, vor allem um Bier zu trinken. Ich blieb für meine Fußballkollegen lange der Preuße, auf Bayerisch der Preiß. Trotzdem akzeptierten sie mich und ich begann ihre Offenherzigkeit zu schätzen.

23 Lehre

Man stelle sich einmal vor, kaum in Westdeutschland, hätte ich in unserem von Armut geprägten Dasein zu meinem Vater gesagt:

„Papa, ich möchte in München Kunst studieren."

Unmöglich!

Vielleicht hätte ich es mit Gelegenheitsarbeiten und einem kostengünstigen Zimmer in der bayerischen Metropole geschafft. Dies wäre damals möglich gewesen. Wolfgang, ein Freund von mir, der allerdings in Westdeutschland aufgewachsen war, hatte es mir vorgemacht. Er verdiente sich bei den Amerikanern in der Telefonzentrale etwas Geld und konnte dadurch nebenbei noch seine Englischkenntnisse verbessern. Später hatte er sich in München ein billiges Zimmer gemietet und an Wochenenden an einer Tankstelle ausgeholfen. An Letzterem war ich auch beteiligt. Wir fuhren an Sonn- und Feiertagen nach Augsburg, um an der Tankstelle als Tankwarte zu arbeiten – schwarz, versteht sich. Während der Kunde im Verkaufsraum war, füllte einer den Benzintank und der andere putzte ungefragt die Frontscheibe. Meistens erhielt man dafür ein großzügiges Trinkgeld. Oft hatten wir auch Nachtdienst. Manchmal tauchten kurz vor Mitternacht Familienclans auf. Dann herrschte für uns immer Alarmstufe eins. Aus mehreren Autos – alten amerikanischen Limousinen – strömten unzählige Kinder in den Laden, um Waren aus den Regalen in den Hosentaschen verschwinden zu lassen. Die Eltern der Kinder blieben in den Autos sitzen und sahen gelassen zu, wie ihre Kinder im Laden die Waren entwendeten. Sie wussten, ihre Kinder waren noch nicht strafmündig.

Der Tankstellenbesitzer erschien regelmäßig pünktlich erst kurz vor Ladenschluss und leerte die Kasse. Sozusagen als Begleitschutz mussten wir ihn anschließend zum Nachtschalter seiner Bank begleiten, wo er die Geldkassette einwarf. Vorher ließ er uns aussteigen, um die Gegend abzusichern.

Heute weiß ich, warum ich als Kind der DDR zu solcher Eigeninitiative noch nicht fähig war. Wir wurden vom sozialistischen Gesellschaftssystem ständig am Händchen geführt und brauchten uns um nichts zu kümmern. Schule, Sport, Beruf und vieles mehr bekamen wir gratis zur Auswahl vor die Nase gesetzt. Für die Jugendlichen in der DDR waren Eigeninitiative und Selbstständigkeit keine Voraussetzung, um ihre Zukunft erfolgreich zu planen. Dort wäre ich nie auf die Idee gekommen, beispielsweise eine Würstchenbude aufzumachen.

Ich bekam ein Angebot für eine Lehrstelle als Maschinenschlosser in einer Fabrik für landwirtschaftliche Maschinen in Landsberg. Ausschlaggebend waren meine Zeichnungen und Malereien, die ich aus der DDR herübergerettet hatte. Meine Mutter hatte sie hinter meinem Rücken einem Ingenieur der Firma vorgelegt. Kann nicht schaden, dachte ich, studieren kannst du immer noch.

In der Lehrzeit habe ich außer dem Lehrstoff auch einiges über die Arbeitsmethoden und die Menschen in einem mittelständischen Unternehmen gelernt. Von wegen, alle sind gleich. Da gab es Bosse, die mit Schlips und weißem Hemd im dicken BMW auf das Firmengelände fuhren und sich im Büro, wenn Besucher um eine Audienz baten, erstmal eine Zigarre anzündeten. In solchem Aufzug machte der dicke Direktor täglich seine Runden durch die Fabrikhallen. Gelegentlich hörte man ihn herumschreien. Einmal verbreitete sich im Werk die Nachricht, ein Arbeiter hätte den Direktor kurzerhand hochgehoben und auf die Werkbank gesetzt, nachdem dieser ihn wegen irgendetwas angeschrien hatte. Dann habe er seinen Hut genommen und die Firma für immer verlassen.

Die meisten Arbeiter mussten täglich weit über acht Stunden im Akkord arbeiten. Unter anderem wurden große Mengen von Stahlplatten geschmiedet. Dazu wurde ein sogenannter Fallhammer benutzt. Ein tonnenschwerer Metallklotz wurde im 5-Sekunden-Takt maschinell bis unter die Decke der Fabrikhalle gehievt. Der Arbeiter musste im gleichen Takt eine glühende Eisenplatte aus dem Ofen holen und diese mit einer Schwenkbewegung in ein Schmiedegesenk auf einem Amboss ablegen. Der Hammer glitt anschließend im freien Fall an Führungsschienen herab. Es gab einen lauten Knall und Funken spritzten in alle Richtungen. Die Erschütterung wurde in ganz Landsberg wahrgenommen – auch während der Nacht.

Wenn der arme Kerl nach Feierabend gebeugt nach Hause ging, machten seine Arme immer noch reflexartig die gleiche Schwenkbewegung, ohne dass er dies hätte verhindern können. Die Platten, von denen er Hunderttausende im Akkord hergestellt hat, dienten zur Befestigung von Eisenbahnschienen an Holzschwellen.

Dies war damals kein typisches Beispiel, aber für mich, den Lehrling, eine erschütternde Erfahrung, dass es aus purer Profitgier solche Arbeitsmethoden und Ausbeutung überhaupt noch gab.

Natürlich wurden Arbeiter in der DDR ähnlich ausgebeutet. Dort wurden sie für eine besondere Leistung lediglich als Helden der Arbeit gefeiert und mit Orden geehrt. Mit einem Unterschied, die Methoden wurden nicht aus Profitgier von Kapitalisten ersonnen, sondern von der Volkskammer, um die marode Wirtschaft der DDR aus ihrem Loch zu ziehen.

Die Lehrlinge – heute nennt man sie Azubis – mussten sich abwechselnd um die bayrische Brotzeit für die Arbeiter kümmern. Wenn ich an der Reihe war, musste ich sie rechtzeitig vor der Frühstückspause in den Fabrikhallen aufsuchen und notieren, was ich ihnen aus der Kantine bringen sollte. Immerhin lernte ich dabei, was ein Presssack, eine Lyoner und ein Maibock ist. Anschließend mussten die Bestellungen an die richtigen Leute verteilt werden. Ein bisschen demütigend war das schon, denn die Arbeiter stichelten mit allerlei Bemerkungen, zumal sie wussten, dass ich Oberschüler war und dazu noch Preuße. Es war ihnen eine Genugtuung, dass einer wie ich auch einmal eine niedrige Arbeit verrichten musste. Mir hat das jedenfalls nicht geschadet. Im Gegenteil, einige von ihnen lernte ich näher kennen und schätzen. Einer spielte in seiner Freizeit hervorragend Geige, ein anderer sang im Chor. Viele von ihnen hätten ein Gymnasium besuchen können, wenn der Krieg nicht gewesen wäre oder andere Hürden des Lebens.

Insgesamt war die Lehrzeit jedoch interessant und prägend. Unser Meister, ungefähr im Alter meines Vaters, stand täglich nahezu acht Stunden hinter seinem erhöhten Pult und beobachtete wachsam die etwa 25 Lehrlinge. Wenn er irgendetwas bemerkte, was sein Missfallen erregte, eilte er sofort herbei. Er war streng, wurde aber niemals laut, sondern erklärte uns alles in ruhigem Ton. Er mochte uns und wir mochten ihn.

Bald bekam ich Sonderaufgaben. Ich durfte kleine Modelle von Geräten und Maschinen maßstabsgetreu nachbauen. Solche Miniaturen waren voll funktionsfähig und dienten Oberingenieur Huber bei Patentstreitigkeiten dazu, Richtern und Anwälten die patentwürdigen Details zu erklären. Diese Arbeit war für mich sehr interessant. Im letzten Lehrjahr durfte ich sogar eine etwa fünf Meter lange Stahltreppe konstruieren, die zur Wartung eines Aufzugschachts dienen sollte. Eine normale Treppe hätte den

Werkstattbetrieb behindert. Deshalb musste ich mir eine ausdenken, die mit einem Handgriff unter die Hallendecke geschwenkt werden konnte. Um die Treppe zu bauen, hatte der Meister mir zwei Lehrlinge zugeteilt. Ansonsten ließ er mich schalten und walten, wie ich wollte. Als der Auftrag erledigt war, kamen alle Meister und Vorarbeiter zusammen, um das Gerät abzunehmen. Sie prüften es akribisch, hatten aber nichts zu beanstanden. Ich war schon ein wenig stolz. Dennoch plagte mich der Gedanke, was passiert wäre, wenn der von mir ersonnene Mechanismus versagt und die Stahltreppe jemanden erschlagen hätte.

Oberingenieur Huber war es dann auch, der meinen Freund und mich fragte, wieso wir nicht Maschinenbau studierten. Ja, warum eigentlich nicht, sagten wir uns. Nach einer verkürzten Lehrzeit von drei Jahren immatrikulierten wir uns am Oskar-von-Miller-Polytechnikum in München.

Ich wäre damals nicht auf die Idee gekommen, während der Semesterferien nach Italien oder Spanien zu fahren. Mein Freund, mit seinem westlichen Selbstbewusstsein, hatte damit keine Probleme. Er verstand es immer, sich das nötige Geld zu verdienen. Seine Eltern waren ebenfalls bei Kriegsende als Flüchtlinge in Landsberg gestrandet und konnten ihren Sohn nicht groß unterstützen.

Ein Bekannter meines Freundes hatte es sogar geschafft, das Geld für eine Isetta zusammensparen. Damals ein Vehikel, das überall Aufmerksamkeit erregte. Mit diesem Gefährt fuhren sie bis nach Thessaloniki und weiter ins Innere von Griechenland.

Irgendwie war tief in meinem Innern die Vorstellung verankert, man kann doch nicht einfach so in andere Länder reisen. Dass ich im Westen diese Freiheit hatte und auch sonst in all meinen Entscheidungen autonom war, wollte noch nicht in meinen Kopf.

Statt meine Semesterferien mit Reisen in den Süden zu genießen, arbeitete ich für einen geringen Lohn im Konstruktionsbüro der Firma. Eines hatte ich jedoch schon begriffen: In einer kapitalistischen Gesellschaft haben die meisten Menschen eine reale Chance, sich hochzuarbeiten, um einen gewissen Wohlstand und eine einflussreiche gesellschaftliche Stellung zu erreichen. Aber das gilt leider nicht für alle. Krankheit, Unfall, Schulden, unzureichende Fähigkeiten und so weiter stehen den Karriereträumen oft im Wege. Solche Menschen werden normalerweise vom sozialen Netz aufgefangen, das zumindest ein Überleben ermöglicht, aber auch keinen Deut mehr.

24 Studium

Das Studium am Oskar-von-Miller-Polytechnikum in München zehrte an meiner Physis. Weniger wegen des Lehrstoffs, sondern wegen der widrigen äußeren Umstände. Ein Zimmer in München konnte ich mir nicht leisten. Zum Studieren überließen mir meine Eltern den kleinsten Raum ihrer fünfzig Quadratmeter großen Wohnung. Sie schliefen zukünftig auf einer Klappcouch im Wohnzimmer. Ich arbeitete oft bis Mitternacht. Morgens hieß es, vor 6 Uhr aufstehen und hastig das Frühstück hinunterschlingen. Wie immer hatte es mir meine Mutter zubereitet, die mich überhaupt in jeder Hinsicht unterstützte.

Zum Landsberger Bahnhof musste ich, egal bei welchem Wetter, etwa einen Kilometer zu Fuß gehen. Mit dem Triebwagen ging es dann bis nach Kaufering, wo mein Studienkollege Klaus Neuhaus wohnte. Dort warteten wir gemeinsam auf den Regionalzug nach München. Als Studenten durften wir die erste Klasse benutzen. Dieses Privileg nutzten wir allerdings selten, weil die Plüschsessel erbärmlich nach kaltem Zigarettenrauch stanken. Leider rauchten wir damals auch gelegentlich. Die knapp eine Stunde dauernde Zugfahrt war angenehm und diente unserer Erholung. Da sich immer dieselben Fahrgäste trafen, ergaben sich interessante Kontakte und Gespräche. Vom Münchner Hauptbahnhof bis zum Polytechnikum dauerte es zu Fuß noch weitere zwanzig Minuten. Nach der letzten Vorlesung wiederholte sich die Fahrt in umgekehrter Reihenfolge. Unser Höhepunkt während der Wartezeit auf dem Münchner Hauptbahnhof bestand im Leberkäseessen. Nirgendwo anders wurde uns besserer angeboten.

Meine geliebten Sport- und Kunstaktivitäten musste ich während des Studiums zurückstellen. Nur meine damalige Liebe zu meiner heutigen Frau Inge gab ich nicht auf. Sie hatte Verständnis für mein nächtliches Brüten über Formeln und Geometrien. Und ich bemühte mich, trotzdem so oft wie möglich mit ihr zusammen zu sein. Das Aufklärungsbuch von Oswald Kolle „Unter vier Augen" kannten wir auswendig. Die gefährlichen Tage vor und nach dem Eisprung waren uns aber eines Tages egal. Es kam, wie es kommen musste, meine Inge wurde schwanger.

Ich stand vor der schwierigen Aufgabe, meinen Eltern zu beichten, dass sie bald Oma und Opa sein würden. Und das, obwohl ich erst die Hälfte meines Studiums hinter mir hatte. Meine Mutter rollte nur besorgt ihre Augen, sagte aber nichts. Das Familienoberhaupt sprach dagegen ein Machtwort und stellte mich vor die Wahl: „Entweder Heiraten oder Studium abbrechen und Geld verdienen." Finanziell war ich von meinen Eltern noch total abhängig.

Ich entschied mich fürs Heiraten und habe es bis heute nicht bereut. Kaum war unser Sohn – wir tauften ihn Ralf – auf der Welt, rissen sich unsere Eltern um den Kleinen. Inge, die noch berufstätig war, wohnte mit unserem Kind weiterhin bei ihren Eltern. Ich blieb bis zum Diplom bei meinen. Unsere Wohnungen lagen nur 500 Meter voneinander entfernt. In dieser Zeit mussten Inge und ich immer akribisch darauf achten, dass die Omas und Opas ihren gerechten Anteil an unserem Sohn bekamen. Das führte gelegentlich zu Streitigkeiten. Inges Vater war vernarrt in seinen unverhofften Enkel. Verständlich, denn als Soldat im Zweiten Weltkrieg hatte er seine beiden Töchter als Babys nur selten gesehen.

25 Zufrieden

Nach dem Studium nahm ich die erstbeste Stelle als Konstrukteur bei einer Firma im Allgäu an. Meine wichtigste Bedingung wurde erfüllt: Wir bekamen eine Firmenwohnung gestellt. Fernab von Landsberg waren wir nun etwas weniger dem Einfluss unserer Eltern ausgesetzt.

Nach zwei Jahren kam unsere Tochter Karin zur Welt. Mit zwei Kindern war unsere Familie nun komplett. Es folgten Jahre, in denen insbesondere unsere Kinder, aber auch meine berufliche Karriere höchste Priorität hatten.

Die Zeit in der DDR war in den Hintergrund gerückt. Ich hatte mich schon damit abgefunden, dass Ostdeutschland immer ein isolierter Staat bleiben und sich niemals dem Westen öffnen würde. Die Pflege von Kontakten per Telefon und Briefen zu Verwandten und Freunden in der DDR war schwierig. Immer stand die Angst im Vordergrund, man könnte durch ein unbedachtes Wort jemanden in Schwierigkeiten bringen. In den Briefen ging es daher lediglich um Banales:

„Uns geht es gut, Gleiches hoffen wir von Euch usw."

Am liebsten hätte ich offen meine politischen Ansichten mitgeteilt oder von unserer ersten Venedig-Reise berichtet. Letzteres ließ jedoch mein Taktgefühl nicht zu. Die meisten meiner etwa fünfzig Cousinen und Cousins lebten bereits in Westdeutschland. Viele kannte ich nur vom Hören und Sagen. Meine Freunde von der Oberschule und den Sportvereinen auf Rügen hatten sich zerstreut. Die meisten Mädchen waren verheiratet und unter ihrem ehemaligen Familiennamen nicht mehr auffindbar.

Trotzdem wuchs in mir der Wunsch, nach Rügen zu reisen. Aber noch traute ich mich nicht in die DDR. Mittlerweile lebe ich schon zweiundsechzig Jahre in der Bundesrepublik und war bisher mindestens zehnmal auf Rügen. Meine Frau und ich verbrachten dort oft zusammen unseren Urlaub. Sie wegen der herrlichen Ostseestrände und ich, um meine Sehnsucht nach der alten Heimat zu stillen. Was dieser Begriff eigentlich ausdrückt, wird momentan in den Medien viel diskutiert. Für mich ist Heimat ein Ort, zu dem es mich immer wieder hinzieht. Warum das so ist, mögen andere erforschen.

Noch konnte sich niemand ein geeintes Deutschland vorstellen. „Auf ewig geteilt" hatte sich in den Köpfen breitgemacht. Kontakte ins andere Deutschland bestanden nur noch sporadisch. Meine Integration in die westliche Welt hatte Fortschritte gemacht. Im Privatleben war ich mit meiner Frau und zwei Kindern glücklich.

Mittlerweile wohnten wir in einem Vorort von Heidelberg. Zu meiner neuen Arbeitsstelle am Institut für angewandte Physik war es nicht weit. Beruflich begeisterten mich die großen Herausforderungen bei der Entwicklung eines neuartigen Teilchenbeschleunigers. In der ehrwürdigen Villa Bergius arbeiten zu dürfen, direkt am Philosophenweg, war für mich die Erfüllung eines Traums. Nicht wegen der Heidelberger Idylle, sondern weil ich mich dort als Ingenieur kreativ entfalten konnte. Der Leiter des Instituts, Prof. Schmelzer, ein Mann der alten Schule, verstand es, mit seinem Charisma sein Team zu motivieren. Man hatte viele Freiheiten, wie und wann man seine Aufgaben erledigte. Dennoch, das Projektziel war klar definiert. Ohne Druck von oben brachte sich jeder voll ein. Es wurde eine Eigenständigkeit vorausgesetzt, die ich so noch nicht kannte. Ich merkte schnell, die Kolleginnen und Kollegen arbeiteten nicht nur am Institut, um Geld zu verdienen, sondern aus Begeisterung für die anspruchsvolle Forschungsarbeit.

Als Neuling las ich zunächst das Buch von Robert Jungk „The Big Machine". Darin beschreibt der Wissenschaftsjournalist die europäische Großforschungseinrichtung CERN bei Genf, wo in den 60er Jahren der weltweit größte Protonen-Beschleuniger in Betrieb ging.

Immer, wenn ich mich im CERN auf der Suche nach Knowhow für unser Projekt aufhielt, faszinierte mich die euphorische Atmosphäre in den internationalen Teams. Die Arbeit in der Forschung als Leidenschaft zu verstehen, war für mich kein Problem. Und so sah ich es als Selbstverständlichkeit an, in meiner Freizeit einen dicken Wälzer über die Konstruktion der Einzelresonatoren – aus diesen Elementen sollte anfänglich der neue Beschleuniger bestehen – zu schreiben. Niemand hatte mich darum gebeten und keiner hielt mich davon ab. Und dass wir nach Feierabend nicht nach Hause gingen, sondern noch stundenlang über den Urknall, Gott und die Welt diskutierten, war keine Seltenheit.

26 Erster Besuch

Erst fünfzehn Jahre nach meiner Flucht war ich mutig genug, um mich wieder in die DDR zu wagen. Dazu nahm ich die Leipziger Messe zum Anlass. Zugegeben, diese war nur ein Vorwand. Tatsächlich reizte mich die Neugier auf die gewandelten Verhältnisse im Arbeiter- und Bauernstaat. Ich malte mir aus, bei der Gelegenheit einen Abstecher nach Rügen zu machen, aber das erwies sich schnell als nicht realisierbar.

Mit meinem alten Mercedes Diesel 190 fuhr ich bei Helmstedt über die Zonengrenze. Eine gigantische Grenzanlage auf der DDR-Seite, die ich bis dahin nur vom Hören und Sagen kannte. Kaum angekommen, vernahm ich eine Stimme aus einem Lautsprecher:

„Fahren Sie bis an den Strich!"

Bin ich etwa gemeint, schoss es mir durch den Kopf, während mein Wagen langsam weiterrollte. Da entdeckte ich vor mir den Grenzpolizisten, der ungeduldig mit der Hand winkte. Ich deutete seine Geste als „noch ein Stückchen weiter". Mit regloser Mine trat der Apparatschik ans offene Seitenfenster. Kein Gruß, kein Lächeln.

„Reisepass bitte!"

Scharfe Blicke wechselten zwischen dem Foto im Reisepass und meinem Gesicht. Dann legte er das Dokument in eine Art Schublade, die aus der Mauer eines fensterlosen Gebäudes ragte. Wie von Geisterhand gezogen, verschwand alles umgehend in der Wand. Genial preußisch, dachte der Ingenieur in mir. Jetzt werden sie deine Papiere akribisch prüfen und herausfinden, dass du ein ehemaliger Ossi bist, ging mir durch den Kopf.

„Fahren Sie bis zum nächsten Strich!", plärrte der Lautsprecher erneut. Ein anderer Grenzpolizist näherte sich.

„Öffnen Sie die Motorhaube!"

„Steigen Sie bitte aus!"

„Öffnen Sie den Kofferraum!"

„Öffnen Sie die Hintertüren und heben die Sitzbank hoch!"

Ich wusste noch gar nicht, dass sich die Sitzbank abnehmen ließ, und stellte mich dabei ungeschickt an.

„Sie müssen vorne anfassen und dann mit einem Ruck!" Der Grenzpolizist trat näher und klopfte alles ab. Dann inspizierte er den Kofferraum, wühlte in der Werkzeugtasche herum, die allerlei Schraubenschlüssel und ölige Lappen enthielt. Betont gelassen stand ich daneben. Als er die weiche Moosgummiplatte in der Hand hielt, die ich immer zum Knien benutzte, wenn etwas am Auto zu reparieren war, fuhr mir der Schreck in die Glieder. Darin hatte ich für alle Fälle einen Hunderter versteckt, den Moosgummi fein säuberlich aufgeschlitzt, mit Gummilösung zugeklebt und die Nähte neu beschnitten. Glücklicherweise war ihm nichts Verdächtiges aufgefallen. Den Hunderter habe ich später überhaupt nicht gebraucht. Ich konnte noch nicht einmal das DDR-Geld loswerden, das ich durch den Zwangsumtausch im Portemonnaie hatte.

Schließlich wurde noch ein großer Spiegel unter mein Auto geschoben. Mein Diesel ölte etwas, fiel mir schadenfroh ein.

„Nehmen Sie Ihr Gepäck und folgen Sie mir!"

Ich wurde in ein Zimmer gebeten, wo ein Mann in Zivil an einem Schreibtisch arbeitete. Durch eine Geste gab er mir zu verstehen, mich an den großen Tisch zu setzen. Er schrieb weiter und schwieg – ich auch.

Langsam wurde mir mulmig zumute. Liegt irgendetwas gegen mich vor? Will man mir etwa vorhalten, dass ich in der DDR auf Staatskosten im Internat gelebt und die Oberschule besucht hatte? Bleib ruhig, ermahnte ich mich, sonst zerlegen sie noch dein Auto, wie es einem Kollegen am Institut ergangen war.

Endlich legte er den Stift beiseite. Mit zusammen gekniffenen Augen fixierte er mich. In seinem Gesichtsausdruck stand seine Macht geschrieben, der er sich mir gegenüber bewusst war. Gelassen deutete er auf meine Aktentasche und forderte mich auf, den Inhalt auf dem Tisch auszubreiten.

„Die Seitentaschen auch!"

Ich durfte wieder einpacken.

„Wohin fahren Sie", wollte er wissen.

„Zur Leipziger Messe." Nach weiteren Fragen forderte er mich auf, die Hosentaschen zu leeren. Ich legte mein Portemonnaie und die Taschentücher auf den Tisch. Danach erregte mein kurzärmeliges Hemd seine Aufmerksamkeit.

„Die Brusttasche auch!", bohrte er weiter.

Ich griff hinein, fühlte meine Essensmarken und hielt ihm die leere Hand hin.

„Tiefer!", fuhr er mich an.

Ich schob ihm die Essensmarken hin, abgestempelt vom Max-Planck-Institut in Heidelberg. Er las alles aufmerksam durch.

Unser Institut für angewandte Physik hatte damals eine Außenstelle auf dem Gelände des Max-Planck-Instituts, wo wir auch in die Kantine zum Mittagessen gingen.

Der Name des berühmten Physikers machte ihn stutzig. Jedes Kind wusste, dass der etwas mit Physik, mit Atomen und eventuell mit Atombomben zu tun hatte. Jetzt wurde das Verhör für den diensteifrigen Mann erst richtig interessant. Er stellte Frage um Frage, woran wir arbeiten würden etc. Schließlich erklärte ich ihm, dass unser Institutsleiter Prof. Schmelzer und Manfred von Ardenne sich persönlich kannten. Der Name ließ ihn aufhorchen, denn dieser Physiker war das Genie und Aushängeschild der DDR, ausgestattet mit allen erdenklichen Privilegien.

Auf einmal ging alles sehr schnell. Ich durfte endlich die Grenze passieren. Gedemütigt von der gesamten Prozedur der Grenzkontrolle, insbesondere vom militärischen Befehlston, streckte ich dem letzten Wachturm die Zunge entgegen und fuhr langsam auf die Autobahn Richtung Leipzig. Die Straße war wenig befahren. Ich hatte noch 170 Kilometer vor mir und achtete darauf, die zulässige Höchstgeschwindigkeit nicht zu überschreiten, denn das wäre teuer geworden. Ab und zu überholte mich ein Trabbi. Dabei fiel mir ein typischer DDR-Witz ein:

„Warum ist der Trabbi das leiseste Auto der Welt?"

„Weil man sich beim Fahren mit den Knien die Ohren zuhalten kann."

Nach etwa einer Stunde immer noch keine Raststätte. Ich brauchte aber dringend einen Baum. Die Autobahn hatte damals noch keine Leitplanken. Man konnte, wenn man sich traute, in einen der Waldwege abbiegen. Mir blieb auch nichts anderes übrig, wegen des Baums, den ich dringend bald finden musste. Allerdings war das Verlassen der Route strengstens verboten. Als weder vor noch hinter mir Fahrzeuge zu sehen waren, bog ich in einen Wald ab. Kaum hatte ich meinen Baum gefunden, da kam mir ein offener Geländewagen auf dem Waldweg entgegen. Zwei Uniformierte – wahrscheinlich Grenzsoldaten – stiegen aus und fragten erstaunt: „Wo wollen Sie denn hin?" Ich erklärte ihnen mein Bedürfnis. Sie lachten und forderten mich freundlich auf, rückwärts auf die Autobahn zu fahren. Das war eigentlich gegen die Vorschriften, aber 1971 noch kein Problem.

Bis nach Leipzig hatte ich noch genügend Zeit zum Grübeln. Seit meiner Flucht hatte sich das Verhältnis zwischen Ost und West dramatisch verhärtet. Westberlin, seit 1961 von einer undurchdringlichen Mauer umgeben, war zu einer Insel der Bundesrepublik geworden. Die Grenzen zwischen Ost- und Westdeutschland waren mit unüberwindlichen Todesstreifen verstärkt worden. In Panik dachten sich Millionen von Menschen in der DDR waghalsige Fluchtpläne aus. Sie gruben Tunnel unter die Grenzbefestigungen, paddelten mit Schlauchbooten über die Ostsee oder ließen sich mit Seilwinden von Hausdächern über die Mauer nach Westberlin ziehen.

Während ich Richtung Leipzig fuhr, dachte ich darüber nach, wie ich es eventuell angestellt hätte, jemanden aus der DDR zu schmuggeln. Der Maschinenbauer in mir meldete sich und riet mir, dafür mein Auto umzubauen. Eine nicht allzu korpulente Person müsste sich eigentlich zwischen der Rücklehne und der Rückwand im Kofferraum verstecken lassen, überlegte ich. Allerdings befand sich dort der riesige Tank. Den könnte man aber durch einen kleineren Behälter ersetzen, sodass der Kraftstoff gerade noch von Tankstelle zu Tankstelle reichen würde. So weit, so gut, aber wo bleiben die Unterschenkel, fragte ich mich. Doch, der große Hohlraum zwischen dem Kotflügel und der Innenwand des Kofferraums, fiel mir ein. Mit angewinkelten Beinen könnte es also funktionieren, beendete ich meine Grübeleien. Die DDR-Bürger waren auf diesem Gebiet noch viel erfinderischer.

Ich erinnere mich noch, dass mich bei diesen Gedanken eine tiefe Fassungslosigkeit überkam. Wieso war es überhaupt so weit gekommen, Deutsche von Deutschen so zu isolieren, als würde ein Teil von ihnen in einem riesigen Gefängnis leben.

Auf Messen wird man normalerweise mit Informationen überflutet, so war ich es gewohnt. Dieses Mal interessierte mich lediglich die Hochvakuumtechnik. Diese zu beherrschen, war extrem wichtig für unseren neuen Schwerionen-Beschleuniger, den wir in Heidelberg planten. Zuvor hatte ich ein Buch von Ardenne gelesen und wusste, dass er Spezialist auf diesem Gebiet war. Verzweifelt suchte ich nach einem Stand, wo man sich diesbezüglich über die neusten Erkenntnisse hätte informieren können. Noch lieber wäre mir gewesen, ich hätte Ardenne persönlich sprechen können.

Aber auf der Messe in Leipzig war alles anders als beispielsweise auf der in Hannover. Keine üppigen, offenen Stände mit den neuesten technischen Errungenschaften zum Anfassen und zum Instruieren. Das Know-how der DDR war offensichtlich Staatsgeheimnis.

Die meisten Aussteller empfingen die Messebesucher nur hinter geschlossenen Verschlägen, in einer Art von Containern, die von außen nicht einsehbar waren. Wer mit einem Vertreter einer Firma sprechen wollte, brauchte erst einen Termin. Ich hatte genug von alldem und fuhr am nächsten Tag frustriert nach Hause.

27 Zweiter Besuch

Nur ein oder zwei Jahre später reiste ich wieder in die DDR, dieses Mal zog es mich nach Binz. Genauer kann ich das Jahr nicht angeben, weil mir der Reisepass von damals abhandengekommen ist. Was ich in Binz sah, enttäuschte mich. Das mondäne Seebad machte einen desolaten Eindruck. Die Enteignungswelle hatte ihre negativen Früchte getragen. Große Villen, mittlerweile zumeist im volkseigenen Besitz, wurden zwar genutzt, aber niemand scherte sich mehr um deren Renovierung und kümmerte sich um die Vorgärten. Warum auch, sie erfüllten noch ihren Zweck, möglichst viele Urlauber aus der DDR zu beherbergen. Die Gastgeber brauchten nicht mehr um Gäste zu werben, denn die wurden ihnen von oben zugeteilt.

Rügens Landschaft war dagegen nach wie vor ein Augenschmaus. Es öffneten sich herrliche Blicke auf die sanften Hügel, die sich im Wechsel mit Wäldern bis zum Horizont hinzogen. Mein alter Mercedes Diesel 190 fuhr wie von allein auf den altvertrauten Straßen. An der Gabelung bei Serams bog ich in Richtung Mönchgut ab. In Sellin fuhr ich in eine mit Kopfsteinen gepflasterte Straße, die ich noch von früher kannte. Die Sonne stand hoch und brannte erbarmungslos herab. Gemächlich wandelten einzelne Passanten im Schatten der Häuser. Es war merkwürdig still. An meiner Automarke erkannten sie natürlich den Besucher aus dem Westen. Das Kopfsteinpflaster zwang mich, Schritttempo zu fahren.

Wie auf Kommando liefen plötzlich Leute hinter meinem Auto her und riefen mir etwas nach. Ich bremste erschrocken und kurbelte das Seitenfenster herunter. Ein Mann schob seinen Kopf durchs Fenster und schrie mich atemlos an:

„Da vorne …, haben Sie das Schild nicht gesehen?" Dabei deutete er wütend mit dem Arm in die Richtung, aus der ich hergekommen war. Andere Passanten eilten herbei und machten ihrer Empörung durch allerlei Gesten und Bemerkungen Luft. Mit der Stille war es nun vorbei. Allmählich dämmerte es mir, ich war in eine Einbahnstraße gefahren – allerdings in die falsche Richtung. Früher war das keine Einbahnstraße, fiel mir zu meiner Entschuldigung ein, behielt die Ausrede aber lieber für mich.

Diese belanglose Begebenheit hatte mich auf der Rückfahrt nach Binz noch lange beschäftigt. Was hat die Leute an diesem nichtigen Vorfall derart erregt, fragte ich mich. Offenbar war mir die nötige Empathie abhandengekommen. Immerhin war es siebzehn Jahre her, als ich noch einer von ihnen war. Jetzt erinnerte ich mich wieder, wie damals schon die Westberliner mit ihren dicken Autos am Wochenende an die Ostsee kamen und sich einiges herausnahmen, was den Einheimischen verwehrt war. Und nun kommt einer wie ich aus dem Westen daher, noch dazu mit einem dicken Mercedes, und beachtet nicht einmal ihre Verkehrsregeln. Je mehr ich darüber nachdachte, desto mehr wurde mir meine Arroganz bewusst, mit der ich, der ehemalige Ossi, in der DDR auftrat. Ich hatte vergessen, dass sich die meisten DDR-Bürger nicht einmal einen Trabi leisten konnten. Und wenn doch, mussten sie viele Jahre auf seine Lieferung warten. Dass mein vermeintlich protziges Auto schon 300.000 Kilometer draufhatte, als ich es günstig gekauft hatte, konnten sie nicht wissen.

Zurück in Binz erkundigte ich mich, wo man gut Fisch essen gehen könne. Jemand nannte mir einen Namen. Aha, der Name des Restaurants kam mir bekannt vor. Vor dem Eingang traf ich auf mehrere Leute. Sie standen in einer Schlange und schienen auf irgendetwas zu warten. Auf was, das konnte ich mir nicht erklären. Ich sah durch die Fenster, dass noch mehrere Tische frei waren, und ging forsch an der Schlange vorbei ins Restaurant, so wie ich es im Westen gewohnt war. Kaum stand ich im Gastraum, kam mir eilig ein Ober in weißem Hemd mit Schlips und schwarzem Anzug entgegen.

„Bitte warten Sie vor der Tür, bis etwas frei wird!"

„Wieso, hier sind doch noch viele Tische frei?"

„Haben Sie das Schild am Eingang nicht gelesen? Sie werden platziert!"

„Heißt das etwa, ich soll draußen warten? Auch, wenn es anfängt zu regnen?"

Er zuckte noch nicht einmal die Schultern, sondern fasste mich sanft am Arm und sagte:

„Gehen Sie bitte!"

Ich stellte mich ans Ende der Schlange, nicht etwa, um auf Einlass zu warten, sondern um mich aufklären zu lassen. Einige fanden es empörend, wie ich dazu käme, einfach an der Schlange vorbei, das Restaurant zu betreten. Andere schimpften, wie ich, über die Praktiken der Speiserestaurants. Jetzt entdeckte auch ich durch die Fenster die Reservierungsschilder auf den Tischen. Aber wo blieben die Gäste, die reserviert hatten? Jemand aus der Schlange erklärte es mir. Man habe in der DDR zu wenig Personal, daher würden die Restaurants durch vorgeschobene Reservierungen quasi verkleinert. Außerdem würde man nur so viele Gäste ins Restaurant lassen, wie die Köche und die Bedienungen verkraften können.

Ich verzichtete aufs Essen und ging ins Hotel zurück. Durch den Zwangsumtausch hatte ich noch genügend Ostmark im Portemonnaie, die ich allerdings nicht loswurde. Alles, was ich als Präsent gerne mit nach Hause genommen hätte, z. B. geräucherten Aal war nicht zu bekommen war. Stattdessen kaufte ich mir Gummistiefel. Sie waren von hervorragender Qualität und dienen mir heute noch bei der Gartenarbeit.

Ich, der ehemalige Ossi, machte mir so meine Gedanken. Also so schlimm war es 1956 noch nicht mit dem „Platzieren". Oder habe ich das damals nicht bemerkt, weil ich als Fußballer in Binz bekannt war und ein wenig bevorzugt wurde? Zwar waren die Bedienungen schon damals nicht besonders freundlich, aber sie erledigten ordentlich ihren Job. Offenbar war inzwischen die sozialistische Doktrin „alle sind gleich" ins Bewusstsein der DDR-Bürger gedrungen, in der DDR gab es keine Herren und keine Diener mehr.

Ich kann mich noch an die Zeit der Gutsherren und Barone bis zum Ende des Zweiten Weltkriegs erinnern. Die Schere zwischen Herren und Dienern war noch extrem. Mit sechs Jahren war ich einmal auf einem Gut in Hinterpommern eingeladen, weil der Sohn des Gutsherrn, mit dem ich befreundet war, Geburtstag feierte. Auf der Terrasse hatte man einen langen Tisch gedeckt, an dem zahlreiche Kinder saßen – soweit war alles normal. Doch hinter den Kindern standen livrierte Diener bereit, ihnen die Torte zu servieren und alle Wünsche zu erfüllen.

Durch solche Erlebnisse hatte ich für derartige Ideologien durchaus Verständnis. Aber in der Neuzeit, was heißt das denn eigentlich, ein Diener zu sein? Alle dienen immer irgendeinem anderen oder dem Ganzen, das gilt für Staatsdiener wie für Bedienungen in Restaurants. Ein jeder dient nach seinen Möglichkeiten und Fähigkeiten.

Ich sehe den Grund für die unattraktive Gastronomie in der DDR in einem anderen Kontext: Es lag schlicht am System, insbesondere an der Unterdrückung von privater Eigeninitiative. Wieso hätte in der DDR ein Ober Interesse daran haben sollen, dass „sein" Restaurant florierte. So oder so bekam er nur einen festen Lohn. Er machte sich das Leben so einfach wie möglich und hielt sich an die Vorschriften. Denn ob er freundlich war oder nicht, langsam oder flink durchs Restaurant fegte, interessierte seine Vorgesetzten nicht.

Derselbe Ober in einem BRD-Restaurant wäre selbstverständlich freundlich und schnell gewesen, weil er sicher sein konnte, dass sein Chef ihn dafür belohnen würde. Klar, dem ging es nur um seinen Gewinn. Kein Profit hätte Insolvenz bedeutet. Und da wären wir wieder beim Kapitalismus. Das Geld regiert die Welt.

Ich nutzte den Besuch in Binz, um Herrn Albien, meinen ehemaligen Klassenlehrer von der Oberschule, zu besuchen. Es war eine freundliche Begegnung. Unser Gespräch drehte sich um die alten Zeiten, über Lehrer, gemeinsame Erinnerungen und was aus mir geworden war. Über den Verbleib von Klaus Rehmer konnte er mir nichts sagen. Nachdem ich mich verabschiedet hatte, schlenderte ich ziellos durch Binz, in der Hoffnung, ein bekanntes Gesicht von früher zu entdecken. Freunde von der Oberschule und vom Internat habe ich nicht angetroffen. Kein Wunder, es waren seitdem siebzehn Jahre vergangen. Die Schüler im Internat stammten damals nicht aus Binz, sondern kamen von weit her auf Rügen. Sie lebten längst irgendwo in der DDR oder waren ebenfalls geflohen.

Aber mir liefen nacheinander drei ehemalige Fußballkollegen über den Weg. Jeden fragte ich nach dem Verbleib von Klaus. Einer, er hieß Günter, war mit ihm enger befreundet gewesen und in unserer Mannschaft ein spritziger Stürmer. Jetzt stand er, etwas korpulent geworden, vor mir. Nebenbei belud er einen Kleinlaster mit Bierkisten und beantwortete widerwillig meine Fragen. Von Rehmer habe er nichts mehr gehört. Er war zu beschäftigt und musste noch Bier ausfahren. Deshalb lud ich ihn zum Abendessen in die Binzer Stuben ein, in unser ehemaliges Vereinslokal. Aber dort wartete ich vergeblich auf ihn.

Die anderen beiden fragte ich ebenfalls nach Rehmer. Ich kann mich nicht mehr erinnern wer, aber einer wusste es genau:

„Klaus ist damals in den Westen abgehauen, wie Du, das weiß hier doch jeder."

Ich hatte zwar schon lange geahnt, dass Klaus 1956 kurz vor mir in den Westen geflohen war, aber bestätigt hatte mir das bis dahin noch niemand.

„Was ist aus ihm geworden?", bohrte ich weiter.

„Ich habe gehört, er sei in die französische Fremdenlegion gegangen und sei dort bei Kämpfen ums Leben gekommen." Mich durchfuhr ein Schreck. Aber was er sagte, schien mir glaubwürdig, zumal sich damals viele junge Männer in Westdeutschland mit allerlei Versprechungen von der Legion anwerben ließen. Ich wollte mir noch seine Telefonnummer geben lassen, aber weil mir sein Name nicht einfallen wollte, war es mir peinlich, danach zu fragen. Also verabschiedeten wir uns mit einem „Mach's gut."

Klaus hatte oft von seinem Bruder gesprochen, der in Westberlin Fußballprofi war. Vielleicht hat er seinen Bruder aufgesucht, um ebenfalls eine Fußball-Karriere anzustreben, dachte ich all die Jahre. Das Talent dazu hatte er allemal. Bis 2004 war ich im Glauben, Klaus Rehmer sei tot, also 48 Jahre lang. Eines Tages erhielt ich plötzlich einen Anruf:

„Hier ist Klaus, bist du es, Eberhard?"

Ich erkannte sofort seine Stimme und erschrak. Ein Totgeglaubter rief mich an.

„Ich habe all die Jahre geglaubt, du seist in der Fremdenlegion ums Leben gekommen." Er lachte.

„In der Fremdenlegion war ich niemals."

Und dann erzählte er mir, dass er schon mehrere Jahre nicht weit von Darmstadt wohnte und arbeitete.

Wir unterhielten uns noch lange, wer mir erzählt hätte, dass er tot sei, und er berichtete mir, wie es ihm all die Jahre ergangen war und wie er meine Telefonnummer herausgefunden hatte.

Er war im Internet auf mein Buch „Donnerkeile" gestoßen, weil ich darin seinen Namen erwähnt hatte. So fand er meine Homepage mit meiner Telefonnummer. Woher hatte unser ehemaliger Sportsfreund seine Information her, dass Klaus angeblich tot sei, zerbrachen wir unsere Köpfe. Wir einigten uns auf die plausibelste Erklärung: Die Stasi hat derartige Horrornachrichten in Umlauf gebracht, um junge Leute von einer Flucht aus der DDR abzuhalten.

28 Erster Urlaub

„Guten Morgen", empfing uns eine Dame im Rentenalter mit einem breiten Lächeln und stellte sich uns in den Weg.

„Heute steht … auf unserem Programm." Sie hielt uns eine Liste entgegen.

„Wenn Sie sich hier bitte eintragen wollen, um … fährt der Bus direkt vor dem Hotel ab."

„Ich bin auf Rügen aufgewachsen und kenne mich ganz gut aus", entgegnete ich selbstbewusst. Sie zählte mir noch alle Vorteile ihrer Angebote auf, denen ich allen hartnäckig widersprach. Mir war klar, die Frau hatte den Auftrag, Urlauber aus dem Westen nicht unkontrolliert auf der Insel umherstreunen zu lassen. Soweit ich mich erinnere, war das Hotel damals nur mit Gästen aus der BRD belegt. Jeden Morgen mussten wir an ihr vorbei, jedes Mal machte sie uns einen anderen Vorschlag. Schließlich log ich:

„Wissen Sie, meine Frau liebt das Alleinsein am Strand, wir fahren immer Richtung Thiessow, dort haben wir einen langen Strand fast für uns allein."

Schließlich gab sie auf. Wir unternahmen spontan jeden Tag eine andere Tour, vorzugsweise mit dem Auto.

Zu Fuß umwanderten wir das sogenannte Nordperd, folgten dem Hochuferweg entlang des dunklen Waldes mit Blick über die See bis nach Sellin. Das östlichste Kap von Rügen ragt weit in die Ostsee und trennt mit seinen Steilufern den Nord- vom Südstrand. Wir schauten uns Göhren an, gingen zum Strand hinunter und wanderten am Ufer entlang.

Selbstverständlich zeigte ich meiner Frau auch die Touristen-attraktionen von Rügen, die Seebäder, Kreidefelsen, Feuerstein-felder und andere mehr. Aber die Perle Rügens war für mich das Mönchgut mit seinen versteckten Winkeln, wo nur wenige Ur-lauber hinkamen. Mit dem Auto waren wir über Baabe, dem Tor zum Mönchgut, schnell in Middelhagen. Am Schulmuseum bog ich rechts zum Reddevitzer Höft ab, einer schlanken Landzunge, die weit in den Bodden ragt. Eine Augenweide unberührter Land-schaft bot sich uns. Dort mit dem Auto über das Kopfsteinpflaster der Dorfstraße zu fahren, war mir peinlich. Doch damals fand man noch Parkplätze, notfalls auf einem Bauernhof. Anschlie-ßend wanderten wir zu Fuß weiter. Manchmal wichen wir von der Straße auf schmale, sandige Wege ab, vermutlich private. Wir gingen trotzdem weiter, vorbei an einem einsamen Anwesen mit einem reetgedeckten Haus, umrundeten die umzäunte Wiese und kletterten einen Hügel hinauf, wahrscheinlich eine mit Grä-sern bewachsene Düne. Oben hatten wir einen atemberaubenden Blick über die Hagensche Wiek. Absolute Stille, nur wohltuende Naturgeräusche. Wir legten uns ins trockene Gras, lauschten dem Vogelgezwitscher und dem Wind. Mich durchflutete eine innere Ruhe, die mir in der BRD abhandengekommen war. Mein kind-liches Staunen über die Natur hatte sich mittlerweile in Ehrfurcht gewandelt.

Die Liebe zur Natur hatte ich von meinen Eltern. Mit geschlos-senen Augen dachte ich an meine Kindheit in Hinterpommern zurück, als mein Vater mich gelegentlich auf Spaziergänge in die Wälder mitnahm. Immer wieder blieb er vor mächtigen Bäumen stehen und ließ seinen Blick bewundernd den Stamm emporwan-dern.

Es war kühl geworden und wir machten uns auf den Weg zu-rück zum Hotel. Abends trafen sich die wenigen Hotelgäste im Aufenthaltsraum mit einer Bar. Der Ober und Chef des Hotels in einer Person bot Getränke an, hauptsächlich Rotkäppchen-Sekt. Meine Frau, die selten Alkohol trank, war so angetan von dem prickelnden Getränk, dass ich ihn eines Tages fragte, ob er mir einige Flaschen verkaufen könne. Nein, das ginge nicht, denn er hätte nur noch wenige Flaschen und die brauche er für seine Gäste.

Als er einmal zufällig mitbekam, dass ich vorhatte, nach Binz zu fahren, fragte er mich freundlich, ob ich ihn mitnehmen könne. Er hätte kein Auto und müsse etwas transportieren. Damit bis zum Kleinbahnhof zu laufen, sei zu schwer.

„Kein Problem, natürlich nehme ich Sie mit", ließ ich ihn wissen.

Im Auto erzählte er mir seine Lebensgeschichte und schimpfte über die DDR, wohl wissend, was Besucher aus dem Westen hören wollen. Und ich gab einiges aus meinem Leben preis, dass ich auf Rügen aufgewachsen war und in Binz Fußball gespielt habe. In einer Schweigeminute sagte er unvermittelt verschwörerisch:

„Wegen des Rotkäppchen-Sekts sprechen Sie mich später noch einmal an, vielleicht lässt sich da noch etwas machen."

Ich unterdrückte meine Überraschung und sagte nur: „Danke".

Abends, hinter der Bar, erinnerte er sich an sein Versprechen. Als er mich unter den Gästen entdeckte, ließ er alles stehen und liegen und gab mir ein Zeichen, ihm in den Keller zu folgen. Dort führte er mich zu einem Regal voller Sektflaschen. Beflissen reichte er mir drei Flaschen, sozusagen als Dankeschön für meine Gefälligkeit. Begleitet von einem „pst" legte er den Zeigefinger auf seine Lippen und deutete dann mit dem Daumen nach oben. Ich begriff die Gesten sofort: mit niemandem darüber reden und die Flaschen unauffällig aufs Zimmer bringen.

So funktionierte vieles in der DDR. Begehrtes wurde unter dem Ladentisch gehandelt, egal, ob es um Eintrittskarten, auserlesene Spezialitäten oder besondere Vergünstigungen ging. Niemand sollte in diesem Zusammenhang aber an Korruption denken, allenfalls, dass eine Hand die andere wäscht. Solche heimlichen Schachereien waren in der DDR normal, weil die Menschen keine andere Möglichkeit sahen, ihre Wünsche zu befriedigen.

Dieses Prinzip war keinesfalls typisch für DDR-Bürger, sondern wird seit Menschengedenken weltweit praktiziert. Je ärmer die Menschen, desto eher nutzen sie die geringste Macht über andere aus, um sich Vorteile zu verschaffen. Wer beispielsweise an den Grenzübergängen Südamerikas – aber auch anderswo – vergisst, ein paar Dollarnoten in die Reisepapiere zu legen, wird Probleme bekommen. Entweder findet der Grenzbeamte Ungereimtheiten in seinen Papieren, lässt sein Auto entladen oder der Betreffende muss stundenlang warten.

29 Freiheit

So viel ist sicher, unter Freiheit stellt sich jedes Individuum etwas anderes vor. Sogar die großen Philosophen sind sich in Details nicht einig. Insofern ist dieser Beitrag zum Thema lediglich meine persönliche Sicht.

Eigenartig, als Jugendlicher in der DDR hatte ich kaum unter mangelnder Freiheit gelitten. Einerseits, weil ich in der DDR aufgewachsen war und von daher nicht wusste, wie sich echte Freiheit überhaupt anfühlt. Und andererseits, weil der Jugend schon immer nur bestimmte Freiräume besonders wichtig waren, wie beispielsweise die freie Meinungsäußerung und die Bewegungsfreiheit. Diese wurden uns zwar verwehrt, doch wir haben sie uns einfach genommen. Wir durften noch ungestraft sagen, was wir dachten. Für das System waren wir lediglich Opfer der älteren Generation, die im sozialistischen Sinne erst noch umerzogen werden mussten. Und Reisen in andere Länder wären auch bei offenen Grenzen an fehlendem Geld gescheitert. Wie ein Grummeln im Bauch spürte ich dennoch permanent die Sehnsucht nach echter Freiheit, deren Existenz ich zwar ahnte, aber mir konkret noch nicht vorstellen konnte.

Ohne Wenn und Aber behaupte ich, im sozialen Umfeld einer demokratischen Gesellschaft kann die individuelle Freiheit nicht beliebig groß sein. Rücksichtnahme, Toleranz und Empathie sind notwendige Eigenschaften, die das Zusammenleben überhaupt erst ermöglichen. Ohne Gesetze und Regeln funktioniert keine Gesellschaft, noch nicht einmal ein Fußballspiel. Nur in unseren Träumen wachsen uns Flügel oder wir können durch Mauern gehen. In der Realität gib es Regeln, die wir akzeptieren müssen. Jeder Fußgänger kann natürlich auch bei Rot die Straße überqueren. Wer das wagt, nimmt allerdings in Kauf, auf der anderen

Seite nicht lebendig anzukommen. Es gibt auch Vorschriften und Gesetze, gegen die wir uns vehement wehren müssen.

Zweifellos war das Dasein unter der DDR-Diktatur, die ihr Volk wie eine Rinderherde auf einer umzäunten Weide hielt, erniedrigend. Aber um meine Vorstellung von Freiheit zu befriedigen, hätten mir offene Grenzen allein nicht genügt. Die Menschen in der DDR hatten es immer verstanden, sich trotz der allgegenwärtigen Bevormundung von oben, genügend Freiräume zu schaffen. In der Öffentlichkeit mussten sie mit politischen Äußerungen vorsichtig sein. So traf man sich lieber im abhörsicheren Wohnzimmer, im vertrauten Kreis der Familie, mit Nachbarn und Freunden. Dort konnte man seine wahren politischen Ansichten austauschen. Alkohol diente dabei oft als unverzichtbarer Zungenlöser. Wer seine subversiven Meinungen in der Öffentlichkeit hinausposaunt hätte, wäre zwar nicht sofort verhaftet worden. Aber er hätte zumindest mit einem Eintrag in den Stasi-Büchern rechnen müssen, der immer mit Repressalien verbunden war.

Beim Sport fühlte ich mich immer frei. Die Gleichmacherei in der DDR, also die Unterdrückung der Individualität, galt im Sport nicht. Alles, womit sich das sozialistische System nach außen brüsten konnte, wie das Streben nach Medaillen, wurde vom Staat gefördert. Doch mir war am Sport allein wichtig, dass ich über jede Bewegung meines Körpers selbst entscheiden konnte, allein bestimmen, wohin der Ball fliegen sollte. Solche Hochgefühle hatte ich auch beim Fahrrad- und Motorradfahren. Ich genoss es, zu fahren, wohin es mich in meiner kleinen Welt zog. Das mag heute banal klingen, doch die genannten Beispiele gehörten zu den wenigen Freiheitsnischen, die man uns in der DDR gelassen hatte.

Als Jugendlicher in der DDR hatte ich noch keine konkrete Vorstellung, wie sich die wahre Freiheit anfühlt. Lediglich mein

Bauchgefühl sagt mir, da muss es noch etwas geben, das du noch nicht kennst. Meine Eltern, die noch den Frieden vor Beginn des Zweiten Weltkriegs erlebt hatten, wussten wovon ich träumte. Entweder konnten oder wollten sie es mir nicht erklären. Wozu auch, so oder so mussten sie sich mit den neuen Verhältnissen abfinden.

Genau genommen ist das ganze Leben ein einziges Ringen um mehr Freiraum, Unabhängigkeit, Selbstbestimmung und Selbstständigkeit. Das gilt überall auf der Welt. Schon Kinder verspüren eines Tages den natürlichen Drang, sich aus der Geborgenheit des Elternhauses zu befreien. Endlich erwachsen, wollen sie selbst entscheiden, wohin sie gehen, wie sie sich kleiden, was sie sagen, was sie denken und was sie riskieren.

Erst in der Bundesrepublik wurden in mir Begehrlichkeiten geweckt, die ich bis dahin noch nicht kannte. Klar, was man nicht kennt, vermisst man nicht. Allein schon die Möglichkeit, jederzeit in andere Länder reisen zu dürfen – ausgenommen in Länder des Ostblocks –, befriedigte meine Sehnsucht nach Freiheit enorm. Ob sich solche Träume finanziell realisieren ließen, war zunächst zweitrangig.

Damals in der Bundesrepublik, wie heute im vereinten Deutschland, hatten und haben die meisten Menschen eine reale Chance, sich ihre Wünsche zu erfüllen, oder anders ausgedrückt, sich selbst zu verwirklichen. In unserem Land sind Meinungsfreiheit, Entscheidungsfreiheit, Freizügigkeit, Religionsfreiheit, Pressefreiheit, u. a. durch das Grundgesetz gewährleistet. Ein großartiges Gesetz für alle, die das Glück haben, in Deutschland leben zu dürfen.

Aber wie stand es mit der Freiheit in der DDR, wo die politische Macht in den Händen einer Diktatur lag, die das Volk zwang, Gesetze zu akzeptieren, die es nicht wollte? Selbst das wäre noch zu ertragen gewesen, wenn jeder das Land hätte verlassen können, um anderswo auf dieser Welt sein Leben zu verbringen. Aber genau das mussten die Machthaber verhindern, denn ein Staat ohne Menschen braucht auch keine Regierung mehr. Aus ihrer Sicht folgerichtig ließ sie unüberwindliche Grenzen bauen. Diese Maßnahmen heute als Freiheitsberaubung zu bezeichnen wäre zu milde ausgedrückt. Vielmehr handelte es sich um schwere Verbrechen gegen die Menschlichkeit. Gott sei Dank finden Diktatoren letztlich immer wieder ihre Richter. Soweit der kurze Ausflug zu den verbrieften Grundrechten.

Freiheit ist jedoch viel mehr als jene, die uns per Gesetz garantiert wird. Im täglichen Umgang miteinander müssen wir sie permanent verteidigen. Oft sind es nur Kleinigkeiten, die zu Streit und Zwietracht führen. Weil Freiheit unterschiedlich

wahrgenommen wird, je nachdem, welche Ansprüche man an sie stellt oder wie zufrieden oder bescheiden man ist. In manchen Ländern fühlen sich Frauen bereits frei, wenn ihre Ehemänner sie alleine zum Briefkasten gehen lassen. Sie kennen es nicht anders. Deshalb lässt jede noch so kleine Befreiung von Zwängen die Seele jubeln.

Auch körperliche Einschränkungen beschneiden unsere Freiheit erheblich. Ich weiß, wovon ich rede, weil ich als Kind lange in einem Sanatorium war. Wer im Krankenbett morgens aufwacht und das Grün der Bäume durch die Fenster erblickt, hat verstanden, dass Gesundheit die Voraussetzung für ein Leben in Freiheit ist. Jene, die schon über gigantische Freiräume verfügen, können nicht genug davon bekommen. Sie gieren nach immer mehr, um ihre Macht auszubauen. Aber das ist nicht die Freiheit, die ich meine. Keine Frage, Macht und Reichtum sind sich sehr ähnlich. Die Reichen können sich fast alles kaufen – sogar Zeit. Die Armen dagegen verbringen ihr gesamtes Dasein mit Arbeit und schlimmstenfalls mit Bettelei, um überhaupt zu überleben.

Mächtige nehmen sich, was sie brauchen. So gesehen sind Reichtum und Macht für manch einen tatsächlich eine Chance, sich viele Freiräume zu schaffen, oder ironisch ausgedrückt, zu kaufen. Diese Voraussetzungen haben die wenigsten und sie sind auch nicht erstrebenswert. Ständig müssen die Reichen und Mächtigen sich und ihre Familien mit Leibwächtern umgeben, um sich vor Mordanschlägen und Entführungen zu schützen. Politiker legen jedes Wort auf die Waagschale, bevor sie es öffentlich aussprechen. Meistens dürfen sie nicht ihre eigene Meinung äußern, sondern die ihrer Partei, oder noch schlimmer, jene, die ihre Wähler hören möchten. Wer zu Macht gekommen ist, auf welchem Wege auch immer, kann entscheiden, wie viel Freiheit er den von ihm abhängigen Mitmenschen gewährt oder nimmt. Machen wir uns nichts vor, Macht und Reichtum sind des Pudels Kern. Danach streben die meisten. Macht auszuüben ist

zweifellos begehrenswerter, als sie zu erdulden. Wie auch immer, letztlich kommt es darauf an, wie jemand mit seiner Macht und seinem Reichtum umgeht.

Mir waren nicht nur meine Freiräume im täglichen Umgang mit anderen Menschen wichtig, sondern insbesondere jene, die jeder in sich selbst erschaffen kann. Dazu zählt beispielsweise die Beseitigung von Blockaden im eigenen Kopf, die das freie Denken behindern.

Freiheit ist für mich ein empfindliches Pflänzchen, das täglich gegossen werden muss. Nicht zu viel und nicht zu wenig, damit es eines Tages seine volle Pracht entfalten kann. Solange will ich es pflegen und auf der Hut sein, dass es mir niemand raubt.

Wie komplex der Freiheitsbegriff ist, demonstrieren uns manche Künstler. Sie glauben, sie könnten den „normalen Menschen" die totale Freiheit vorleben. Das stimmt nur ein bisschen, denn niemand ist unabhängig von seinem Umfeld, in dem er lebt.

Trotzdem habe auch ich als nebenberuflich aktiver Künstler viele Jahrzehnte lang mit dieser Einstellung kokettiert. Das künstlerische Schaffen ist unstrittig Freiheit pur. Ich habe schon früh das Zeichnen als ein Hochgefühl von Freiheit entdeckt. Das führte schließlich dazu, dass mein Vater meine Mutter beauftragte, mir, dem Vierjährigen, die Malstifte wegzunehmen. So geschah es, aber nur solange der Vater in der Nähe war.

Ohne Rücksicht auf andere nur der inneren Stimme zu folgen, davon träumen viele Künstler. Mein Auskommen hing glücklicherweise nicht vom Verkauf der Kunstwerke ab. Dadurch konnte ich es mir leisten, auf niemanden zu hören, was und wie ich zu zeichnen und zu malen habe – auch nicht auf Kunstkritiker oder Galeristen.

Alle Künstler wollen ihre Botschaft einem Publikum vermitteln. Egal, ob es sich um Literaten, Maler oder Komponisten handelt, sie hoffen auf Echos aus der Außenwelt. Ob negative oder positive ist zunächst einerlei. Falls nicht, bräuchten sie ihre Bücher gar nicht erst zu veröffentlichen oder ihre Bilder auszustellen. Mit anderen Worten, auch Künstler sind nicht frei von Eitelkeiten. Zwar behaupten sie hartnäckig, ihre Werke seien ohne Einflüsse von außen entstanden. Aber zumindest unbewusst hat sie der Zeitgeist der Kunst geküsst. Wer sich diesem anpasst, wird zwar Käufer für seine Werke finden, muss sich aber den Vorwurf gefallen lassen, er hätte sich prostituiert. Und ein solches Image wollen sich ernsthafte Künstler nicht anhaften lassen.

Auf alle Fälle hat die künstlerische Tätigkeit parallel zu meiner Arbeit in der physikalischen Grundlagenforschung immer auch meine technische Fantasie beflügelt.

30 Vergleiche

Vergleiche des Lebens in der DDR mit dem in der BRD kann ich lediglich aus meiner Perspektive darlegen, aus der Sicht eines jungen Mannes, der in der DDR aufgewachsen ist und seit 64 Jahren in der Bundesrepublik lebt. Meine Wahrnehmungen und Eindrücke haben mich jedoch zu dem gemacht, der ich heute bin, zu einem „Mischi" aus Ossi und Wessi.

Als Jugendlichen haben mich die politischen, ideologisch gefärbten Auseinandersetzungen zwischen Ost und West nur wenig interessiert. Um ehrlich zu sein, damals ging mir die politische Rhetorik beider Seiten auf die Nerven. Das geteilte Deutschland war für mich schon immer ein einziger Irrsinn.

Sich politisch zu engagieren hätte in der DDR bedeutet, sich dem System anpassen zu müssen. Als Gegner des Systems wäre man als Klassenfeind abgestempelt worden und hätte Repressalien nach sich gezogen. Die meisten jungen Leute stürzten sich lieber ins pralle Leben. Sollen die Erwachsenen nur machen, wenn wir dran sind, werden wir unsere Zukunft in die Hand nehmen, das war zumindest die Einstellung der meisten. Junge Menschen verstehen zwar noch nicht all die komplexen Zusammenhänge von Geschichte und Politik. Aber sie haben empfindliche Sinne für manches, das im Staate nicht stimmt. In der DDR herrschte damals ein Gefühl von Ohnmacht gegenüber einem allgegenwärtigen Machtapparat, der jedes Aufbegehren sofort im Keim erstickte. Erst 1989 gelang dem Volk der DDR das Wunder, das System samt Grenzen wegzufegen.

Ich möchte lediglich berichten, was mir aus meiner Zeit in der DDR und in den ersten Jahren in der BRD als wichtig im Gedächtnis geblieben ist. Schließlich waren es Wahrnehmungen und Erfahrungen, die nicht nur mich, sondern meine Generation geprägt haben. Und meine ganze Generation bestimmt mit ihren Stimmen bei Wahlen immer noch entscheidend mit, wo es mit Deutschland langgeht.

Die deutsche Gesellschaft war in den Nachkriegsjahren sowohl in Ost- als auch in Westdeutschland gespalten, da behaupte ich nichts Neues. In vielen Menschen war noch das Gedankengut des Nationalsozialismus präsent, wenn auch nur latent. Ihre Helden waren zu Tätern geworden. Die meisten Männer hatten in der deutschen Wehrmacht gedient. Jene, die den Krieg überlebt hatten, waren traumatisiert und mussten mit ihren schweren seelischen und körperlichen Wunden weiterleben. Die Frauen bezahlten letztlich für den Irrsinn der Hitler- Diktatur, die ihnen ihre Söhne und Männer genommen hatte. Viele Intellektuelle hatten noch im Dritten Reich studiert. Andere arbeiteten während des Krieges in Industrie und Verwaltung in hohen Positionen.

Nach Kriegsende herrschten in Ostdeutschland die sowjetische Besatzungsmacht und jene, die während des Krieges im Untergrund gegen die Faschisten gekämpft hatten. Die Kommunisten und Sozialisten spielten sich als die eigentlichen Sieger auf und besetzten alle wichtigen Ämter. Der Holocaust wurde unter den Teppich gekehrt und die Kirche nur noch geduldet.

In der sowjetischen Besatzungszone sollte eine neue Zeit anbrechen. 1949 wurde die DDR gegründet, mit dem Ziel, aus ihren Bürgern durch Umerziehung zum Sozialismus – und später zum Kommunismus – ideale Menschen zu machen. Man versprach ihnen eine Zukunft, in der es weder Arme noch Reiche gibt und Gerechtigkeit für alle herrscht. Die unmündigen Bürger wurden nicht gefragt, ob sie das wollten oder nicht. Schließlich fragt man Kinder auch nicht, wie sie erzogen werden möchten.

In der Verfassung der DDR standen Gerechtigkeit, Gleichheit, Brüderlichkeit und Menschlichkeit für alle Menschen.

Außerdem war dort zu lesen: Die Persönlichkeit und die Freiheit jedes Bürgers der Deutschen Demokratischen Republik sind unantastbar. Vom Ansatz her hoffnungsvolle Vorsätze, die aber in der Realität anders ausgelegt worden sind. Dem Volk der DDR per Gesetz Freiheit zu garantieren, war angesichts der gewaltsamen Isolation von ihren Verwandten in Westdeutschland eher ein Hohn.

Ich werde nie den Tag an der Grundschule in Zirkow vergessen, als ich etwa elf Jahre alt war. Während des Unterrichtes tauchten plötzlich junge Leute auf. Sie begrüßten kurz die Lehrerin, flüsterten ihr etwas zu. Dann wandten sie sich an uns. Ihre Augen sprühten förmlich vor Begeisterung und Überzeugung. Die Lehrerin stand stumm hinter ihrem Pult, während die jungen Leute uns in den schönsten Farben die Zukunft ausmalten, aber nur, wenn wir den Jungen Pionieren beitreten würden. In Berlin sei man dabei, Paläste für die Jugend zu bauen, in die jedes Kind hineingehen könne, wann immer es Lust zum Spielen habe. Die Kinder könnten sich nehmen, was sie wollten, Spielzeug, Essen und Trinken, alles, ohne zu bezahlen. Später werde man auch das Geld abschaffen. Alle könnten dann in Kaufhäuser gehen und sich aus den Regalen nehmen, was sie möchten, aber nicht mehr, als sie brauchen.

Die jungen Demagogen hatten ihr Ziel erreicht. Wir waren hellauf begeistert und bearbeiteten zu Hause unsere Eltern, dem Beitritt zuzustimmen. Meine Mutter tuschelte mit einer Nachbarin und sagte schließlich, um mich zu besänftigen: „Wart' erstmal ab."

Gleichheit in der DDR wurde zumindest für Arbeiter und Bauern realisiert. Wenn ich an meine Kindheit in Hinterpommern zurückdenke, an den Gutsverwalter, der noch mit seiner Reitpeitsche über den Gutshof stolzierte und den Arbeitern Befehle erteilte, wird mir heute noch komisch zumute. Vor Ende des

Zweiten Weltkrieges waren einige Bauern noch Leibeigene der Gutsherren. Auf Rügen mussten sogar Kinder in der Erntezeit auf dem Gutshof arbeiten, anstatt zur Schule zu gehen.

In der DDR wurden die Gutsherren enteignet und ihr Land unter die Bauern aufgeteilt. Trotzdem dauerte es noch eine geraume Zeit, bis die Kinderarbeit auf den Bauernhöfen abgeschafft war. Etwa drei Jahre lang nach Ende des Krieges habe ich es noch selbst miterlebt, dass einige Kinder nicht zum Unterricht erschienen, weil die Eltern sie auf dem Bauernhof brauchten. In den Ferien mussten sie sowieso auf den Feldern bei der Getreideernte helfen oder beispielsweise die Rüben vom Unkraut befreien. Auch unsere Schulklasse in Zirkow wurde zur Arbeit auf den Feldern eingesetzt. Einmal, um Kartoffelkäfer vom Kartoffelkraut abzusammeln, die angeblich die Amerikaner aus Flugzeugen abgeworfen hatten. Ein andermal, um die Quecken aus einem gerodeten Stück Waldboden auszugraben. Viele Missstände wurden jedoch mit den Jahren in der DDR beseitigt.

Dieselben Veränderungen fanden auch in der Bundesrepublik statt, aber nicht als Diktat des Staates, sondern weil sich die Gesellschaft weiterentwickelt hatte und weil einfach die Zeit dafür reif war.

Von Gleichheit konnte damals in der Bundesrepublik auch keine Rede sein. Der größte Unterschied bestand zwischen Armen und Reichen. Daran hat sich bis heute nichts geändert und diese Schere wird immer noch größer.

In der BRD hatten damals die meisten aber eine reale Chance, je nach Fähigkeiten etwas aus ihrem Leben zu machen. Beispielsweise durch harte Arbeit viel Geld zu verdienen oder eine Karriere anzustreben. Beeinträchtigte blieben dabei allerdings hüben wie drüben auf der Strecke. Die meisten wurden zwar vom Netz der Sozialsysteme aufgefangen, doch für viele waren die

Maschen zu groß. Wer arm war, konnte sich keine kostspielige medizinische Versorgung oder ein nobles Altersheim leisten. Das gilt heute immer noch, mehr denn je.

Aus meiner heutigen Sicht war der Sozialismus in der DDR ein utopischer Traum, der von Anfang an zum Scheitern verurteilt war. Die Menschen waren eben nicht alle gleich, es gab solche und andere. Die Systemtreuen waren die Privilegierten, ausgestattet mit einer Fülle von Macht und allerlei Vergünstigungen. Der große Rest, die graue Masse, war sozusagen gleich arm, noch nicht reif für den Sozialismus. Alle Anstrengungen richteten sich auf deren Umerziehung zu sozialistischen Persönlichkeiten, denn die Mehrheit war noch vom Nationalsozialismus infiziert und konnte sich von dessen Ideen nicht trennen. Außerdem trugen sie noch den Virus des Kapitalismus in sich. Dass diese Einstellungen der alten Generation auf ihre Kinder übergingen, sollte unbedingt verhindert werden. Daher konzentrierte sich die DDR auf ihre Jugend. Ältere Menschen ließen sich sowieso nicht mehr umerziehen. Wenn sie in den Westen abhauen wollten, hielt man sie in den 50ern nicht zurück. Allerdings waren darunter überwiegend die Intellektuellen, die der Staat noch dringend brauchte. Aber das wurde dem Führungskader in Pankow erst viel später bewusst. Mit dem Bau der Mauer durch Berlin wurden schließlich die letzten Schlupflöcher abgedichtet.

In der DDR war der Mensch ein Rädchen in einer gewaltigen bürokratischen Maschine, die nach vorgegebenen Regeln funktionierte. Man wurde immer bevormundet und gelenkt. Individualität und private Initiative wurden nur geduldet, sofern sie offiziell abgesegnet worden waren. Das trat besonders deutlich in der Kunstszene zutage. Was Kunst ist, wurde praktisch vom Staat vorgegeben.

Alle sollten gleich viel verdienen, egal wie sehr oder wie wenig intelligent sie waren. Eine verlockende Regelung für die

Faulen und Dummen. Wer sich einmal in eine solche Doktrin hineindenkt, der könnte argumentieren, was kann eigentlich ein Mensch dafür, wenn er dumm geboren wird und es folglich nicht schafft, zu studieren, zu promovieren oder sich zu habilitieren. Vielleicht hat er lediglich schlechtere Gene. Hat er deswegen kein Recht, sich ein gleich großes Stück vom Volkskuchen abzuschneiden? Ich sehe mich nicht als prädestiniert, diese Frage zu beantworten. Aber ich habe dazu eine private Meinung: Verdammt noch mal, wir sind nicht alle gleich, die Evolution hat es so gewollt, und das ist gut so. Glücklicherweise haben wir aber soziale Fähigkeiten.

Der Direktor einer Oberschule verdiente in der DDR nur geringfügig mehr als ein Junglehrer. Wie kann man von ihm da noch Engagement und Motivation erwarten? Wenn die Gleichmacherei wenigstens fair auf allen Ebenen des Staates praktiziert worden wäre, aber spätestens auf der Parteiebene herrschten andere Maßstäbe.

Es gab Privilegierte, die sich alles leisten konnten. Die Insel Vilm vor Lauterbach auf Rügen war ein Beispiel dafür. Diese naturbelassene Insel war ein abgeschirmter Ort, den nur hohe Regierungsmitglieder betreten durften, nicht nur, um zu arbeiten, sondern um zu genießen und um auf der Insel zu jagen. Sie, die Auserwählten, hatten die absolute Macht. Die Not ihrer Bürger konnten sie sich sowieso nicht vorstellen. Die Privilegierten haben immer die Macht. Dieses Prinzip gilt in allen Gesellschaften seit eh und je. Die Macht sollte man ihnen jedoch nicht neiden, sofern sie vom Volk frei gewählt wurden und dessen Mandat erfüllen.

Meiner Auffassung nach waren Bildung, Sport und medizinische Versorgung die positiven Highlights in der DDR, von der sich das heutige Deutschland zumindest hier und da noch ein

Scheibchen abschneiden könnte. In diese Thematik möchte ich mich aber nicht weiter vertiefen.

Die Fähigkeit, zu improvisieren, war keine besondere Eigenschaft von DDR-Bürgern, sondern eine Notwendigkeit. Diese Eigenschaft entwickeln alle, sobald sie in eine Notlage geraten. Das haben Menschen während und nach Kriegen stets bewiesen.

Aber bei den DDR-Bürgern war dies durch den langen Zeitraum ihrer Notlage besonders ausgeprägt. Sie waren pfiffiger und erfinderischer als ihre Verwandten im Westen. Sie mussten es sein, um sich ihre Wünsche zu erfüllen. Auch das Miteinander funktionierte besser als im Westen, weil man aufeinander angewiesen war. Würdest du mich morgen mitnehmen, ich muss zum …? Könntest Du mir das und jenes mitbringen …? Kannst du mir helfen …? Ich habe noch davon, wollen wir tauschen …? Heute gab es in der HO[15] Salami, ich habe dir eine mitgebracht!

In der DDR wurde viel und gerne gefeiert, zumindest hatte ich in den 50ern diesen Eindruck. Einen Anlass gab es immer und falls nicht, wurde einer erfunden. Ich denke dabei an die kleinen Feiern im Kreis der Familie, zusammen mit engen Freunden, denen man trauen konnte. Den Schnaps brannte man selbst oder er wurde unter der Ladentheke gehandelt.

Im Alter von zehn bis fünfzehn Jahren war ich mit einem der Söhne von Frau Köhn befreundet, der die einzige Gaststätte in Zirkow und Umgebung gehörte. Dadurch bekam ich einiges mit, wie es dort zuging, wenn sich abends im Hinterzimmer die Dorfprominenz traf, der Bürgermeister, der Schuster, der Lehrer und andere Intellektuelle. Besonders turbulent ging es her, wenn Volkspolizisten aus Prora sich heimlich aus der Kaserne

---

[15] Staatliche Handelsorganisation der DDR.

geschlichen hatten, um sich in der Gaststätte von Mutter Köhn zu vergnügen. Oft sah man sie torkelnd herauskommen, um gegen die Hausmauer zu pinkeln.

Damals habe ich mir dabei noch nichts gedacht, irgendwie empfand ich es als normal. Aber in meinem jungen Alter war ich schließlich lediglich Beobachter. Doch rückblickend frage ich mich, warum damals so viel Alkohol getrunken wurde. Zweifellos war es den Menschen anfänglich ein Bedürfnis, das Ende des grausamen Krieges zu feiern. Heute glaube ich: Alkohol war auch eine Ersatzdroge, mit der sich der Frust der entbehrungsreichen Nachkriegsjahre und die Enge des DDR-Daseins von der Seele spülen ließen. In vertrauter Umgebung konnte man endlich mal die Sau herauslassen, Schmählieder über das System grölen und Witze über Politiker loslassen. Solche Feiern im engen Kreis, zu Hause oder im Schrebergarten, waren Gelegenheiten, bei denen die Menschen sich ausleben konnten, was ihnen in der Öffentlichkeit verwehrt war. Im Verlauf solcher Partys genossen sie die Brösel der Freiheit, die dem Staatsapparat entgangen waren. Ich gehe sogar so weit zu behaupten, dass der FKK-Kult in der DDR den Menschen auch als Ausgleich zu ihrer Freiheitsberaubung diente. Runter mit den Kleidern. Seht her, über meinen Körper kann ich selbst bestimmen, ihn zeigen, wem ich will.

Ich behaupte nicht, dass alle DDR-Bürger übermäßig Alkohol getrunken haben. Während ich dies zu Papier bringe, kommen mir Bedenken, ob das überhaupt so schlimm war. Doch, es war noch viel schlimmer, als ich es in jungen Jahren registriert hatte. Einer Studie von Thomas Kochan „Blauer Würger" zufolge, war die DDR eine Zeit lang Weltmeister im Konsum und Export harter alkoholischer Getränke.

Ich sprach meine Schwester darauf an, die meine Erinnerungen bestätigte. Sie arbeitete als Junglehrerin in Karow auf Rügen, bis sie 1958 auch in den Westen floh. Sie, der Schulleiter und dessen

Frau wohnten damals im Schulgebäude des kleinen Ortes. Meine Schwester erzählte mir von Festen in der Wohnung des Schulleiters, die oft als Sauferei endeten. Oben auf dem Kachelofen stand ein geflochtener Weidenkorb mit einer Destille voll mit selbst gebranntem Schnaps. Permanent wurde meine Schwester aufgefordert, auf irgendetwas anzustoßen. Sie habe am Glas nur genippt und den Rest heimlich in den offenen Kachelofen gekippt. Die Ofentür stand immer offen, damit der Zigarettenqualm abziehen konnte.

Das liest sich, als habe der Schulleiter ein wüstes Leben geführt oder sei Alkoholiker gewesen. Keineswegs, er war hochintelligent und als Lehrer sehr beliebt. Außerdem konnte er hervorragend Akkordeon spielen. Solche Feiern fanden zwar nur zu bestimmten Anlässen statt, aber dann wurde ordentlich auf den Putz gehauen.

Zweimal durfte ich an solchen Partys teilnehmen, weil jemand seinen Geburtstag feierte. Zuletzt im Winter 1956. Es waren mehr Gäste da als sonst und das Angebot an harten Getränken noch größer. Ich hatte alle Anwesenden porträtiert und kam nicht umhin, mit meinen achtzehn Jahren einige Schnäpse zu trinken, sozusagen als Honorar für den Zeichner. Und das, obwohl ich mit dem Motorrad noch nach Hause fahren musste und es draußen schneite. Spät in der Nacht habe ich mich dann verabschiedet. Man ließ mich gehen, nachdem ich den Test, auf einem Bein zu stehen, bestanden hatte. Doch auf dem Sozius in der eiskalten Luft wurde mir etwas mulmig zumute. Ich werde wohl noch die 4 Kilometer bis Zirkow schaffen, redete ich mir ein und ließ die Maschine auf der Straße durch den Schnee pflügen. Alleebäume waren meine einzige Orientierung, die Straßengräben links und rechts konnte ich nur noch erahnen. Dies wurde mir zum Verhängnis. Plötzlich sah ich mich im Straßengraben liegen. Die Maschine unter mir, tief im Schnee versunken, verstummte. Auf einmal war ich hellwach, bot meine ganze Kraft auf, um das Gefährt aus dem Graben zu ziehen. Mir war bewusst, eine Ohnmacht oder Verletzung hätte mich das Leben kosten können, denn mit fremder Hilfe war in dieser Nacht nicht mehr zu rechnen.

Was ist nun die Quintessenz aus all den Vergleichen? Mir ist bewusst, dass diese keinesfalls vollständig sind und überwiegend aus dem Blickwinkel eines jungen Mannes resultieren. Aber ich möchte gerade zeigen, welchen Einflüssen Jugendliche unterliegen und zu welchen Schlussfolgerungen sie kommen. Schließlich sind die jungen Menschen von damals die Erwachsenen von heute, die mit ihrer Stimme die Geschicke Deutschlands noch mitbestimmen. An dieser Stelle möchte ich zu einigen Punkten Bilanz ziehen, die mir persönlich wichtig waren:

Ich habe meine Flucht aus der DDR nie bereut. Die Freiheit, die ich suchte, habe ich in Westdeutschland gefunden. Sie war für mich eine neue Erfahrung. Ich hätte in der BRD beispielsweise jederzeit mit einem Plakat durch die Stadt laufen können, um meine Meinung zu einem gesellschaftlichen Thema oder meinen Unmut über einen Politiker zu äußern, ohne Angst vor Konsequenzen haben zu müssen.

Die Möglichkeit, zu verreisen, wann immer ich Lust dazu verspürte, war ein wunderbares unbekanntes Gefühl. Ich hätte mich mit einem Rucksack auf die Wanderschaft durch fremde Länder begeben können, nur von Almosen lebend. Und auf dem Wahlzettel in der BRD standen mehrere Parteien zur Auswahl und nicht nur eine. Ich lernte, mich in einer echten Demokratie als Individuum wahrzunehmen und mich wohlzufühlen.

In Westdeutschland konnte jeder beruflich Karriere machen, der gesund war und die entsprechenden Fähigkeiten, Möglichkeiten und den Willen dazu hatte. Studieren war zwar oft eine

Frage des Geldes, aber das konnte man sich durch Fleiß erarbeiten. Allein die Aussicht, das eigene Leben entsprechend seinen Wünschen gestalten zu dürfen, war ein gewaltiger Vorteil gegenüber den Möglichkeiten in der DDR.

Manche hatten jedoch keine Chance dazu. Menschen, die durch allerlei Schicksalsschläge nicht die Voraussetzungen besaßen, einen gewissen Wohlstand zu erreichen oder Karriere zu machen, waren auf die Sozialsysteme angewiesen oder landeten am Rande der Gesellschaft. Um dagegen in der DDR Karriere zu machen, reichte harte Arbeit allein nicht aus. Die wichtigste Voraussetzung dafür wäre gewesen, das herrschende politische System kritiklos zu unterstützen.

Ein entscheidender Grund in die BRD zu fliehen, war für die meisten DDR-Bürger der höhere Lebensstandard im Wirtschaftswunder des Westens. Viele hatten die Nase voll, jahrelang auf einen Trabi oder einen Fernseher warten zu müssen. Die vollen Läden und die Kaufkraft der D-Mark im Westen waren Anreiz genug. In der DDR witzelten die systemtreuen Bürger immer darüber, dass die Republik-Flüchtlinge nur wegen der Bananen und der Schokolade abhauen würden.

Das Leben in der DDR war einfacher. Auf den Punkt gebracht, man hatte weniger Stress. Konkurrenzdruck am Arbeitsplatz oder zwischen Betrieben gab es kaum. Diesen Druck, wie er in der kapitalistischen Welt des Westens bis heute vorherrscht, kannte man in der DDR so nicht. Ich rede nicht von den menschlichen Eifersüchteleien, von Neid und Zwietracht, die nicht zu vermeiden sind, wenn mehrere Menschen zusammenarbeiten müssen. Der Leistungsdruck, den ich meine, ist durch das kapitalistische System vorgegeben. Wenn Unternehmer nicht insolvent werden wollen, müssen sie den Konkurrenzdruck an die Belegschaft weitergeben. Das führt dazu, dass nur die Besten, aber leider auch die Skrupellosen, eine Chance bekommen, Karriere zu machen, also deutlich mehr Geld verdienen als der Rest. Das mag für das Wirtschaftswachstum und den Wohlstand einer Gesellschaft vorteilhaft sein, aber nicht für die Masse der Arbeiter und Angestellten. Viele halten dem Druck nicht mehr stand, sie werden krank und suchen Hilfe bei Psychologen.

Mittlerweile ist der Leistungsdruck nicht mehr eine Frage des politischen Systems. Das hat die kommunistische Regierung in China längst bewiesen. Nur mit Leistungsdruck in der Produktion bleiben viele Unternehmen in China - und damit auch der Staat - weltweit wettbewerbsfähig. Und deshalb wird auch in einem kommunistischen System geduldet, dass Angestellte in den Firmen übernachten und in der Mittagspause durcharbeiten, in der einen Hand das Butterbrot, in der anderen die Computermaus. Manche begehen sogar Suizid, weil sie den Druck nicht mehr aushalten. Und das alles nur aus Angst, den Arbeitsplatz zu verlieren.

Die volkseigenen Betriebe in der DDR waren einem solchen Konkurrenzdruck nicht ausgesetzt. Und drohende Insolvenzverfahren kannten sie ohnehin nicht. Die Belegschaft brauchte keine Angst zu haben, den Arbeitsplatz zu verlieren, selbst wenn der Betrieb unrentabel lief. Untereinander gab es, wie überall in einer Belegschaft, Eifersüchteleien, aber weit weniger Neid, weil sich die Löhne und Gehälter viel weniger unterschieden. Besondere Arbeitsleistungen wurden in der DDR hauptsächlich mit Ehrenurkunden und Medaillen honoriert.

Die vorgenannten Unterschiede zwischen DDR und BRD sind alle geringfügig im Verhältnis zu den Dramen, welche durch die Trennung von Familien ausgelöst wurden. Ich werde nie vergessen, was mir aus unserer Verwandtschaft einmal jemand über eine Begegnung von Mutter und Sohn berichtet hatte. Der Sohn war in der DDR als Soldat bei der NVA und lebte auf Usedom. Die Mutter lebte in der BRD und reiste extra dorthin, um ihren

Sohn zu besuchen. Als NVA-Soldat waren dem Sohn Westkontakte strengstens verboten. Der Sohn wollte und konnte es nicht riskieren, die Mutter irgendwo heimlich zu treffen. Als Ausweg überlegte sich die Verwandtschaft, ein Treffen auf einem einsamen Sportplatz im Wald zu arrangieren. Der Sohn stand auf der einen Seite und winkte und die Mutter auf der anderen und weinte. So versuchten sie minutenlang durch Gesten und Rufen, das Wiedersehen zu gestalten, um dann wieder für Jahre auseinanderzugehen.

Bei diesen, von mir lediglich angeschnittenen Themen habe ich mich darauf beschränkt, was ich als achtzehnjähriger Ossi erlebt habe.

Damals glaubte niemand, dass die Deutschen jemals wieder vereint sein würden. Im Gegenteil, je mehr Generationen in Ost- und Westdeutschland getrennt aufwuchsen, desto wahrscheinlicher war es, dass sie sich auseinanderlebten. Genau das war das Ziel der DDR-Politik. Heute dürfen wir uns glücklich schätzen, dass die Grenzen 1989 von einem Sturm der Vernunft gewaltlos hinweggefegt worden sind.

31 Das Äffchen

Als ich mich einmal mit Hetty Krist über den Grenzübertritt in die DDR unterhielt, stellte sich heraus, dass wir den Grenzübergang bei Herleshausen ganz unterschiedlich erlebt hatten. Wie ich war sie in den 70ern am selben Tag über denselben Grenzübergang zur Leipziger Messe gefahren. Ihre Geschichte hat mit mir zwar nichts zu tun, denn wir kannten uns damals noch nicht. Trotzdem fand ich ihre Story erzählenswert, zumal sie im totalen Kontrast zu meiner stand.

Hetty war damals schon eine bekannte, vielfach ausgezeichnete Frankfurter Künstlerin. Als wir uns kennenlernten, gab sie in der Darmstädter Kunsthalle Zeichenunterricht und entfachte bei mir wieder die Leidenschaft zum Zeichnen. Seither sind wir befreundet.

Sie waren zu viert im Auto, als sie am Grenzübergang Wartha ankamen. Hetty hatte das Seitenfenster am Beifahrersitz heruntergekurbelt und lächelte dem Grenzpolizisten zu, der sich ihrem Wagen näherte. Bequem legte er seinen linken Unterarm auf die Fensterbrüstung und spulte im Dienstton seinen Spruch herunter:

„Ihre Ausweese biddäh!"[16]

Hetty spürte seinen Atem, als sie ihm ihren Pass reichte. Er blätterte darin und betrachtete sie aufmerksam. Auf einmal erhellte sich seine Miene und er lächelte ihr freundlich zu:

„Un Sie fahren och zur Messe – das is scheen."[17]

„Oh, Se sin ja Holländerin – willgommen in dor DDR."

---

[16] „Ihre Ausweise bitte."
[17] „– das ist schön."

Dann steckte er seinen Kopf ins Auto, fixierte die anderen drei und ließ sich deren Ausweise reichen. Dabei erstarrte er in der Bewegung. Irgendetwas machte sich an seinem Arm zu schaffen. Vorsichtig suchten seine Augen nach der Ursache und entdeckten zwei dünne Ärmchen mit Pfötchen, die an seinem Handgelenk hantierten. Dicht über seine Armbanduhr gebeugt befand sich ein kleines, behaartes Köpfchen, nicht größer als ein Tennisball. Er wagte nicht, seinen Arm wegzuziehen. Miri, Hettys winziges Äffchen, hatte neugierig sein Versteck verlassen, um die glitzernde Armbanduhr des Grenzpolizisten zu inspizieren.

Wenn Hetty unterwegs war, versteckte sich das Äffchen immer unter ihrem Pullover unterhalb des Halsausschnitts und war dadurch annähernd unsichtbar. So hatte sie es ihm beigebracht und konnte es unbemerkt mit ins Kino oder ins Theater nehmen. Ausgerechnet jetzt hatte sich Miri nicht daran gehalten.

Das Äffchen versuchte, wie es seine Art war, die Uhr dicht an seine Nase zu ziehen. Der Grenzpolizist ließ es geschehen, wobei er immer lauter lachte. Er rief nach seinem Kollegen, der hinter dem Auto alles kontrollierte:

„Schorsch, gomm ma her, ä Äffsche."[18]

Schorsch kam und legte seinen Arm auf die Fensterbrüstung, wie sein Kollege zuvor. Das Köpfchen des Äffchens schaute aus Hettys Pullover heraus und sah ihn mit großen Augen an. Sofort schnappte es sich Schorschs Armbanduhr und zog sie sich hoch interessiert dicht vor die Augen. Auch er ließ es geschehen. Ruhe, Staunen, frenetisches Lachen, eine außergewöhnliche Atmosphäre für einen Grenzübergang. Nach einer Weile der Sammlung:

---

[18] „Schorsch. Komm mal her, ein Äffchen."

186

„Ham se ooch Papiere für den Kleen?"[19]

„Was für Papiere?"

„Na, ä Auswees, ob er gesund is."[20]

„Nein … ich hab' das Tierchen jetzt schon sechs Jahre …, mal aus Mitleid gekauft. Es lebt in unserer Familie mit zwei Kindern, aber einen Ausweis, davon hab' ich noch nie gehört!"

Der Grenzpolizist überlegte kurz, dann sagte er:

„Na, warten Se, das ham wor schnell."[21]

Der andere fügte hinzu:

„Steigen Se mal kurz auuus, wor gehn zu unserer Veterinärin."[22]

Als ob Miri alles verstanden hätte, verschwand das Äffchen, zack, in Hettys Ausschnitt. Zu dritt marschierten sie los. An der grün gestrichenen Tür einer Baracke hing an einem Bändchen windschief ein Schildchen, auf dem handschriftlich stand: „Veterinär". Eine kleine, dralle Frau im weißen Kittel öffnete und sagte forsch:

„Genossen, was isn?"[23]

„Genossin, wor ham ä kleenes Problem, wor ham ä kleenen Affen hier, un der hat keene Papiere."[24]

---

[19] „Haben Sie auch Papiere für den Kleinen?"
[20] „Na, einen Ausweis, ob er gesund ist!"
[21] „Na, warten Sie, das haben wir schnell!"
[22] „Steigen Sie mal kurz aus, wir gehen zu unserer …!"
[23] „Genossen, was ist denn?"
[24] „Genossin, wir haben ein kleines Problem, wir haben einen kleinen Affen hier, und der hat keine Papiere."

Hetty hatte Mühe, das Äffchen aus seinem Versteck hervorzulocken. Doch plötzlich erschien sein Köpfchen im Pullover-Ausschnitt und beobachtete neugierig die neue Umgebung. Lachen brauste auf und dazwischen immer wieder:

„Dos gibt's doch nich, is der sies[25]!"

Der Spaß wollte kein Ende nehmen, bis die Veterinärin ein Machtwort sprach:

„No, da mach wor mal was!"[26]

Entschlossen spannte sie einen Bogen in eine alte Schreibmaschine ein und schrieb: Der kleine Affe kann bedenkenlos die Grenze passieren, da er keinerlei Krankheiten hat. Nur ein Stempel fehlte noch. Sie zog den Stempelständer und das Stempelkissen zu sich, doch das Stempelkissen war ausgetrocknet. Auch ein Anhauchen half nicht. Endlich funktionierte es mit einem weiteren Stempel.

All das hatte das Äffchen beobachtet. Ganz langsam stieg es aus dem Ausschnitt des Pullovers seiner Herrin und stellte sich aufrecht auf ihre Schulter. Plötzlich, sprichwörtlich mit einem Affenzahn, sprang es auf den Tisch, raffte mehrere Stempel an sich, rannte mit der Beute gebückt davon und saß – zack, zack – oben auf der Gardinenstange. „Nun fangt mich mal", war in seinem Blick zu lesen und löste bei allen ein Gekreische und ein Lachen aus, das bis nach draußen gedrungen sein muss. Denn plötzlich wurde die wackelige Baracken-Tür aufgestoßen. Ein aufgeblasener Uniformierter – den Kragenspiegeln nach ein hochrangiger Offizier – schnauzte verwundert:

---

[25] „Das gibt es doch nicht, ist der süß!"
[26] „Na, da machen wir mal was."

„Was isn hier los … Genossen?"[27]

„Gomse doch ma her, Genosse – guggn se ma, was da oben sitzt!"[28], erklärte Schorsch.

„Nee, das gibt's doch nich – nee, das gibt's doch nich!"[29], hallten seine Worte wie ein Echo durch den Raum.

Der Offizier zog schnell die Tür hinter sich zu und ergötzte sich zusammen mit den anderen an dem ungewöhnlichen Schauspiel.

Erschrocken erinnerte sich einer der Grenzpolizisten an ihre eigentliche Aufgabe:

„Oh, ich globe, de Autos warten drausen."[30]

Hetty klatschte in die Hände und rief:

„Miri, komm!"

Das Äffchen ließ die Stempel fallen und sprang elegant in sein Versteck zurück. Alle fielen sich lachend in die Arme. Hetty ist diese kleine Episode wie ein Bild bis heute im Gedächtnis geblieben – dass aus Apparatschiks warmherzige Menschen werden können, sobald sie die Gelegenheit dazu bekommen.

---

[27] „Was ist denn hier los … Genossen?"
[28] „Kommen Sie doch mal her, Genosse – gucken Sie mal, was da oben sitzt!"
[29] „Nein, das gibt es doch nicht – nein, das gibt es doch nicht!"
[30] „Oh, ich glaube, die Autos warten draußen."

32 Nachwort

Dieses Buch ist ein Stück Zeitgeschichte aus meiner prägenden Jugendzeit. Als Zeitzeuge habe ich auf Vergleiche von früher und heute weitgehend verzichtet. Damals mit heute zu vergleichen, würde der Sache nicht gerecht werden, denn früher galten andere Maßstäbe und Wertvorstellungen. Unser Fußball-Idol hieß damals Fritz Walter. Ronaldo war noch nicht geboren.

Summa summarum kann ich auf ein erfülltes, glückliches Leben zurückblicken. Auch die schlimmen Zeiten vor und nach Ende des Zweiten Weltkriegs verblassen vor der unvergesslichen Kindheit auf dem Lande. Es waren vor allem die kargen Jahre, die uns zu kreativen Kindern machten.

In meiner Jugend wurde mir der Zeitgeist der DDR eingehaucht, von dem ich mich nach meiner Flucht in den Westen allmählich befreien konnte – wenn auch nicht von allem. Schließlich gelang es mir, im Westen, in Landsberg am Lech, Fuß zu fassen.

Dort lernte ich alsbald eine bezaubernde Frau kennen, mit der ich seit sechzig Jahren verheiratet bin. Zwei Kinder bereicherten unser Leben. Mein Maschinenbau-Studium am Oskar-von-Miller-Polytechnikum in München und unsere Ehe konnten wir in Einklang bringen.

Nach dem Diplom arbeitete ich drei Jahre als Konstrukteur bei der Firma Fendt im Allgäu. Eines Tages machte mir das Institut für angewandte Physik in Heidelberg ein Angebot, dort ein Konstruktionsbüro aufzubauen. Es war geplant, einen neuartigen Teilchenbeschleuniger für schwere Ionen zu bauen. Die Leitung hatte Professor Schmelzer. Begeistert nahm ich die Herausforderung an, wenn auch für weniger Gehalt. Diese Aufgabe war sehr interessanter! Die fünf Jahre in Heidelberg waren für mich und für alle, die an dem Projekt mitwirkten, eine unvergessliche, kreative Zeit.

Endgültiger Standort des Beschleunigers sollte Darmstadt werden. Dort wurde ein neues Forschungszentrum, die Gesellschaft für Schwerionenforschung mbH (GSI[31]) gegründet, mit Professor Schmelzer als erstem wissenschaftlichen Geschäftsführer. Viele aus der Projektgruppe zogen mit ihm nach Darmstadt. Dreißig Jahre blieb ich meiner Arbeitsstelle in Darmstadt als Leiter der zentralen Technik treu, auch wenn ich des Öfteren lukrativere Angebote aus der Industrie bekam. Die neue Aufgabe war für mich keine Arbeit, sondern eine schöpferische Tätigkeit.

Parallel zu meinem Beruf war ich immer künstlerisch aktiv. Anders als in der Kunst muss Kreativität in der Forschung einem rationalen, wissenschaftlichen Zweck dienen. Die künstlerische Kreativität ist dagegen eine Befreiung von allen Fesseln. Sich darauf einzulassen, macht Mut, quer zu denken, im Privatleben wie im Beruf.

Dass aus meinem Kunststudium nichts geworden ist, habe ich nie bereut. Stattdessen hatte ich mich an zahlreichen Sommerakademien und durch Studienreisen im Ausland weitergebildet. Bis heute besitze ich ein eigenes Atelier und beteilige mich am regionalen Kunstgeschehen. Trotz zahlreicher Ausstellungen und Verkäufe stapeln sich ca. zweitausendfünfhundert Zeichnungen, Acryl- und Ölbilder sowie kleine Skulpturen in meinem Atelier – skizzierte Arbeiten nicht mitgezählt. Kein Wunder, denn jeden Urlaub und die Wochenenden habe ich meiner Leidenschaft geopfert. Mir schwebt vor, meine Arbeiten eines Tages für einen guten Zweck versteigern zu lassen.

---

[31] Heute: GSI Helmholtzzentrum für Schwerionenforschung

Schreiben ist meine dritte Leidenschaft geworden, weil ich dadurch meine „inneren Bilder" auch in den Köpfen von Lesern und Zuhörern entstehen lassen kann.

Fazit: Unsere Generation war nicht besser als irgendeine davor oder danach. Sie war anders. Wie jede Generation war sie das Spiegelbild ihrer Zeit, deren Wertvorstellungen und Möglichkeiten.

Danksagung

Von Herzen möchte ich mich bei meiner lieben Frau für ihr Verständnis bedanken, mit dem sie die Zeit erduldete, während ich am Computer Bücher schrieb oder im Atelier Bilder malte.

Walter Jager, mein Freund aus der Jugendzeit in Zirkow a. Rügen, mit dem ich eine längere Fahrradtour unternommen habe, wusste noch viele Details aus der gemeinsamen Zeit.

Hans-Joachim Kajahn gilt mein besonderer Dank. Mit seinem phänomenalen Gedächtnis an unsere gemeinsame Zeit hat er mein Manuskript akribisch gelesen und mit kritischen Anmerkungen versehen.

Klaus Rehmer, mit dem ich befreundet bin, war mir eine große Hilfe bei der Erinnerung an die gemeinsamen Jahre an der Oberschule und im Sport.

Uwe Wendlandt, Chronist aus Binz a. Rügen, war während der Entstehung des Manuskriptes stets für meine Fragen offen. Bei ihm möchte ich mich für seine historischen Hinweise bedanken.

Dr. Voigt aus Binz, ehemaliger Leiter der Kinderklinik im Haus Herford, hat mir viele medizinische Zusammenhänge erklärt, die ich als Kind noch nicht verstanden hatte. Wenn ich so geistig fit bleibe wie er, möchte ich auch 95 Jahre alt werden.

John Schehr und Genossen

Es geht durch die Nacht. Die Nacht ist kalt.
Der Fahrer bremst. Sie halten im Wald.
Zehn Mann Geheime Staatspolizei.
Vier Kommunisten sitzen dabei,
John Schehr und Genossen.

Der Transportführer sagt: "Kein Mensch zu sehn."
John Schehr fragt: "Warum bleiben wir stehn?"
Der Führer flüstert: "Die Sache geht glatt!"
Nun wissen sie, was es geschlagen hat,
John Schehr und Genossen.

Sie sehn, wie die ihre Pistolen ziehn.
John Schehr fragt: "Nicht wahr, jetzt müssen wir fliehn?"
Die Kerle lachen. "Na, wird es bald?
Runter vom Wagen und rein in den Wald,
John Schehr und Genossen!"

John Schehr sagt: "So habt ihr es immer gemacht!
So habt ihr Karl Liebknecht umgebracht!"
Der Führer brüllt: "Schmeißt die Bande raus!"
Und schweigend steigen die viere aus,
John Schehr und Genossen.

Sie schleppen sie in den dunklen Wald
Und zwölfmal knallt es und widerhallt.
Da liegen sie mit erloschenem Blick,
jeder drei Nahschüsse im Genick,
John Schehr und Genossen.

Der Wagen saust nach Berlin zurück.
Das Schauhaus quittiert: "Geliefert vier Stück."
Der Transportführer schreibt ins Lieferbuch:
"Vier Kommunistenführer, beim Fluchtversuch,
John Schehr und Genossen."

Dann begibt er sich in den Marmorsaal,
zum General, der den Mord befahl.
Er stellt ihn, mitten im brausenden Ball.
"Zu Befehl, Exzellenz! Erledigt der Fall
John Schehr und Genossen."

Erledigt der Fall? Bis zu einem Tag!
Da kracht seine Türe vom Kolbenschlag.
Er springt aus dem Bett. "Was wollt ihr von mir?"
"Kommt mit, Exzellenz, die Abrechnung für
John Schehr und Genossen."

Erich Weinert

 1938 geboren in Stettin/ Pommern.

Seit 1970 in Darmstadt

1960 bis 1963 Studium des allgemeinen Maschinenbaus, am Oskar-von-Miller-Polytechnikum, München. Abschluss als Diplom-Ingenieur (FH).

1965 bis 1970 Chefkonstrukteur in der physikalischen Grundlagenforschung am Institut für angewandte Physik in Heidelberg.

1970 bis 2000 Abteilungsleiter der Zentralen Technik am GSI Helmholtzzentrum für Schwerionenforschung GmbH in Darmstadt.

Seit 1965 parallel zum Beruf bildender Künstler und Literat. Weiterbildung an der Europäischen Kunstakademie, diversen Sommer-Akademien und durch Mal-Reisen. Studium an der Städel-Abendschule in Frankfurt bei Bernhard Jäger. Prägender Zeichenunterricht bei Hetty Krist.

Seit 2002 Mitglied im Bundesverband Bildender Künstlerinnen und Künstler, beim BBK-Darmstadt.

Ausstellungen und Ausstellungsbeteiligungen im In- und Ausland.

34 Bibliografie

Beruflich entstehen diverse technische Abhandlungen über Teilchenbeschleuniger und gesellschaftskritische Kurzgeschichten über Kunst.

2003 erscheint das Buch „Donnerkeile", gezeichnete und erzählte Kindheitserinnerungen aus Pommern mit Stettin und Rügen.

Außerdem entstehen Aufsätze, Kurzgeschichten und Kunstbücher mit Originalzeichnungen. Zwei Kurzgeschichten werden in Anthologien publiziert.

Zahlreiche Lesungen und Beteiligungen.

Seit 2008 Mitglied in der südhessischen Literaturgruppe POSEIDON (www.literaturgruppe-poseidon.de).

2011/15 Ausstellungsmacher für Gemeinschaftsprojekte von Literaten mit bildenden Künstlern.

2014 erscheint sein Krimi und Wissenschaftsthriller „Neckarstrahl".

2017 Initiator, Mitherausgeber und Mitautor eines interdisziplinären Buchprojekts von Physikern und Literaten: „Vom Targetrad zum Federkiel."

Donnerkeile

Gezeichnete und erzählte
Kindheitserinnerungen
aus Pommern
mit Stettin und Rügen

ISBN 3-8330-0098-8
Taschenbuch Paperback
17 x 22 cm, 180 Seiten

Für den Autor ist das Buch wie ein großes Bild, das sich ihm eingeprägt hat, als er noch Kind war, insgesamt ein positives Bild, obwohl
die Zeit unmittelbar vor und nach dem Zweiten Weltkrieg nicht rosig
war. Doch die Kinder hatten ihre eigene, kreative und glückliche Welt
geschaffen, die sie der Realität der Erwachsenen entgegensetzten.

Das Buch enthält 44 Zeichnungen, die der Autor aus der Erinnerung
angefertigt hat. Als Biografie ist der Inhalt nicht gemeint, sondern allenfalls als ein biografisches Zeitfenster in die damalige Zeit. Die Er-
zählung endet, als der Protagonist 14 Jahre alt wird. Sie ist insbesondere ein Dokument jener Zeit, erlebt und gefühlt als Kind, wie sie im
Bewusstsein des Autors erinnerlich geblieben ist.

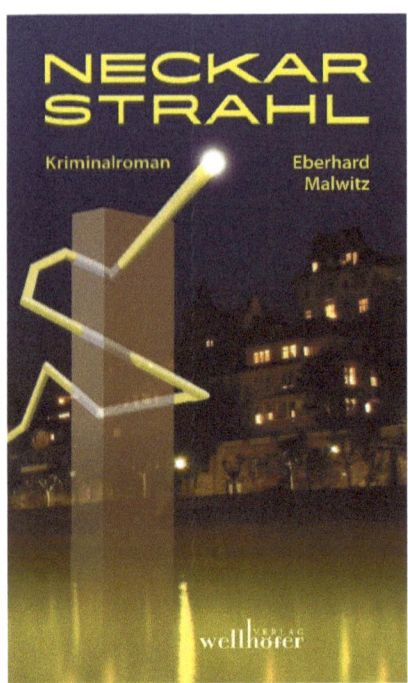

ISBN 978-3-95428-150-3
Taschenbuch und E-Book
12,5 x 19,5 cm, 320 Seiten

Rhein-Neckar-Zeitung
FEUILLETON 22/23 Feb. 2015
von Marie-Theres Justus

Ein Strahl, der alle Materie, auf die er stößt, verschwinden lässt; ein Strahl, der um Ecken biegen und auf Befehl stoppen kann; ein Strahl, der eine Superwaffe ist. Natürlich weiß Eberhard Malwitz, Autor des Kriminalromans „Neckarstrahl" und selbst von Haus aus Naturwissenschaftler, dass so etwas physikalisch nicht machbar ist. Trotzdem lässt er sich auf das Gedankenexperiment ein. Der Protagonist Eric Weiß forscht in Heidelberg und macht hier diese sensationelle Entdeckung. Was zunächst unkontrolliert über dem Neckar strahlt, zieht ihn so in den Bann, dass er Frau und Kind verlässt und eine ererbte Forschungseinrichtung auf einer karibischen Insel bezieht. Hier verfeinert er die Technik so, dass er die absolut unschlagbarste Waffe besitzt. Soll er sie einsetzen? Die Geschichte lehrt ihn, dass das keine gute Idee ist. Aber er könnte Atomtests im Iran stoppen. Wäre es nicht fahrlässig, das nicht zu tun? Bald sind Weiß die Geheimdienste auf den Fersen – und die große Liebe hat er auch gefunden …

Karin Malwitz
www.kamafilm.de

Als selbständige Filmemacherin und Designerin hat sie zahlreiche Filme mit anspruchsvollen künstlerischen Inhalten geschaffen, die vielfach ausgezeichnet wurden.
Alle Projekte – darunter auch Werbefilme, Drehbücher und Grafiken – basieren auf ihrer feinfühligen Bildsprache, mit der sie die emotionale Wahrnehmung von Menschen anspricht.

Zeitfracht Medien GmbH
Ferdinand-Jühlke-Straße 7
99095 Erfurt, Deutschland
produktsicherheit@kolibri360.de